先生は教えてくれない
就活のトリセツ

田中研之輔 Tanaka Kennosuke

★――ちくまプリマー新書
303

目次 * Contents

プロローグ

就活の歩き方

お祈りメール

「慎重なる選考を重ねましたところ、残念ながら今回はご期待に添えない結果となりました。〇〇様の今後一層の活躍をお祈り致します」

こう丁寧に言われても何とも耐えがたい気持ちになりませんか？　選考に合格しないと意味がない、と憤りを覚えるのではないでしょうか？

就活の選考結果を心待ちにしているときに、メールの受信箱に届くこのお祈りメールが突きつける現実は厳しいもので、複雑な心境になります。というのも、この一通の手触り感のないメールは、望んでいた企業への内定の道が断たれたことを正式に伝えるものだからです。就活生なら誰もが、お祈りメールを受け取りたくありません。

お祈りされることなく、入社を希望し選考を受けている企業から内定をもらうためには、次の四つの選考を一つ一つ突破していかなければなりません。

その四つの選考とは、①エントリーシート（ES）による**書類選考**、②筆記試験や適性検査による**能力選考**、③グループディスカッション（GD）による**集団選考**、④少数面接や個別面接などの**面接選考**です。

複数社の選考が思い描くように順調に進んでいる人には、本書は必要ありません。複数社エントリーしている中で、一社のみ選考漏れした人は、気にせずに取り組んでいきましょう。ただし、**二社以上の企業から選考漏れした場合には、何らかの理由があります。**

ESを提出して、次の段階の選考へと進めない場合には、その内容に問題があります。偶然落ちたわけではありません。「運が良かったから、ES通過した」という友人の言葉をそのまま鵜《う》呑《の》みにしているようであれば、痛い目にあいます。

就活に運は関係ありませんし、奇跡もおきません。なぜなら、**選考に落ちる理由も、選考を通過する理由も、人事担当者は明確な根拠を示して答えることができるからです。**

逆に言えば、**人事担当者の採用基準を一つ一つ越えていけば、選考は着実に通過して**

いきます。企業がどんな人材を求めていて、人事担当者がどこをみていて、どう判断しているかをとらえ、選考過程で適切なコミュニケーションをはかれば、選考は思うように進んでいきます。選考プロセスの各段階において、他の社員も納得する選考の基準を突破している場合に、次の選考へと進んでいくのです。

就活にホームランはありません。選考過程で求められるコミュニケーションを読み解き、成功確率の高い安打を的確に積み重ねていくしかないのです。

焦りと不安

本書で就活という言葉は、卒業予定の学生（新卒者）が企業からの内定を目指して行う就職活動を指して用いています。対象となる就活生の大半が二一〜二三歳です。今や我が国の女性の平均寿命は、八七・一四歳、男性は八〇・九八歳なので、人生のたった四分の一を迎えるときに就活生は新卒一括採用に直面するのです。

文部科学省の平成二九年「大学等卒業者及び高校卒業者の就職状況調査」をみると、大学卒業後に就職を希望する学生は七五・二％で、全体の七割五分以上の学生が新卒採用を受けています。

本書では大学卒業後に就職を希望する学生を前提にして話を進めていますが、実際のところ、大学生の卒業後の進路は様々です。卒業後に大学院に進学する学生や海外の大学に留学する学生もいます。NPOやNGOに携わり、社会貢献活動に取り組む学生もいます。在学中に友人たちと起業して、就活しないで企業を経営していく学生もみてきました。こういった就活以外の選択をする学生の意思決定も応援しています。

というのも、私は**卒業後のキャリア選択は、もっと自由で、あなた本位のものであっていいと考えている**からです（就活とは異なる道を選択する学生たちのキャリア形成については別の機会に考えてみたいと思います）。

しかし、依然として就活一括採用は大半の大学生にとって立ちはだかる壁であり、避けてはその先へと進むことができません。私のまわりの学生の大半が、就活に挑み、その多くが就活で打ちひしがれている様子を目の当たりにして黙ってはいられません。

就活が迫ってくると、私の耳に就活生の焦りが届くようになります。「不安と緊張が次第に高まってきて、押しつぶされそうです。今までより気分の浮き沈みが大きいなあと感じています」と三年のゼミ生が就活を控えて心境を打ち明けにきます。三年生の一一月や一二月になると就活の不安を耳にします。それは毎年のことです。

就活にむけて早めに取り組んでいたゼミ生も、「就活を迎えて不安を感じたくなくて、二年生のときから積極的に動いてきたつもりなんですが、いろんなことに手を出して迷ってしまい、方向を決められずに悩んでいます。ライバルたちに勝てるのだろうかと不安です」と悩みを口にします。

就活で悩む学生は少なくありません。こうした悩みは民間企業に就職を希望し、新卒一括採用の選考プロセスに半ば強制的に組み込まれる就活生の大半が抱くものです。「強みもわからないし、将来何がしたいのかわからない」と自己分析で悩みます。「自分の得意なことがわからないし、どの業界やどの職種が向いているのかわからない」と業界分析や職種分析で途方に暮れることになります。

本選考が進んでいくと、ESが通過しない、面接やグループワークがうまくいかないとつまずき、ESや面接で一社でも選考に漏れてしまうと、「この先うまくいきそうにない。失敗しそうだ」といった不安に駆られるようになります。

失敗したくないから、何かしなきゃいけないとは感じていても、その対応策を見つけられず、底なし沼にずぶずぶと足をとられ、身動きがとれないように感じるのです。就活の悪循環から抜け出せず苦しい経験に直面した学生は、大学の授業やゼミも欠席しがちになります。

そんな就活の悪循環に陥り、「就活沼」に足をとられ抜け出せずにいる学生を一人でも多く救い出してみたいというのが、本書を書く私の動機です。

焦る必要はまったくありません。本書では、大学生活をとおしていかに準備し対策していけば、それなりに満足のいく結果が得られるのかについて包み隠さず明らかにしていきます。詳しくはこれから説明していきますが、新卒一括採用で重視されているのは、企業風土や事業展開とマッチし、今後仕事で実績を生み出していける可能性があるかどうかという点です。新卒採用が「ポテンシャル採用」と呼ばれる所以《ゆえん》はここにあります。

この将来性を見抜くために、ES、筆記試験・適性検査、グループディスカッション、面接が組まれています。その過程でみえてくるあなたの人柄や熱意は、選考基準の上位を占めています。

人柄とか熱意は、曖昧でよくわからないと嘆く就活生もいます。そう嘆く就活生は、人柄や熱意をあなたの「内側」にある何か変わらないものと捉えている傾向があります。他方で、複数社から内定を獲得する就活生は、人柄や熱意が、「内側」にあるものではなく、人事担当者とのコミュニケーションによって、いかようにも通じるものであり、そのことを踏まえた上で的確に伝え届けるものであることを理解しています。

どのような働き方を大切にしている企業なのか、その企業はいかなる事業戦略を掲げてどの方向性にむかって進んでいるのか、このあたりを調べながら何が求められているかを把握したうえで、人柄や熱意を人事担当者に響く言葉に置き換えて自己プロデュースしていくのです。

本書に記した就活の向き合い方や実践的な対処法を一つ一つ吸収していくことで、あなたの不安が少しでも和らいでくれることを心から願っています。

本書の活かし方

本書では就活をプレ体験できるように、就活を経験した先輩たちのＥＳの記録や面接での経験談を織り交ぜています。人事担当者の方にインタビューして採用側からみた就活についても触れていきます。プライバシーの観点から登場人物の名前はすべて仮名表記にしてあります。

各章ごとに就活のプロセスをまとめているので、いま必要な章から読んでいくこともできます。就活を直前に控えた三年生であれば、第二章の「一〇〇％突破するエントリーシートの書き方」と、第四章の「しくじらない面接の受け方」を重点的に読んでみてください。

一年生は、第一章の「入社後に後悔しない企業の選び方」と第五章の「就活を越える学び方」を読んでみてください。二年生は、第三章の「一番役に立つインターンの活かし方」を読んで、アルバイトからインターンへとより働く現場のリアルを知るために環境をかえていってください。

それぞれ関心のある章を読み進めながら、その章が就活全体のどこに位置するのかをイメージしてください。鳥の目で就活全体を鳥瞰《ふかん》しながら、虫の目で各選考の特徴や対処策を練り込んでいくのです。

本書に掲載した例題の数々は、いずれかの企業で過去に実際に出題されたリアルな過去問です。この過去問をもとにして、ESを実際に書いてみたり、面接で答える内容を口に出してみるとよいでしょう。

これまでの経験から言えることは、自己分析→業界分析→ES対策→インターン→グループディスカッション対策→面接対策というような単線的な準備で対応した就活生よりも、**就活の全体構造を把握し、苦手だと思われるところから対策していきながら、就活で問われる資質や経験をそれぞれの状況に応じて何度も繰り返しながらレベルアップをはかっていく対策をした就活生のほうが結果を出している**ということです。

本書は就活に向けた準備を進め、数カ月に及ぶ選考期間を戦い抜く実践的な手引書であると同時に、これからの人生をデザインしていくために必要な働き方の本質や意味を考える生き方バイブルです。

さあ、人生一〇〇年時代を生き抜いていく、これからの可能性を広げていくために、あなたの目の前の就活について一緒に考えていきましょう。

自己分析より大切な業界分析

学生から真顔で「どの企業にエントリーしたらいいですか？　どの企業に向いていると思いますか？」と聞かれることがあります。今はもう慣れましたが、最初の頃は、「え、なんで？」と驚いたことを覚えています。

就活を一〇年見てきた中で、エントリーする企業が決まらずに悩む就活生は、七割近くいます。高校から大学へと進学し、学びの空間に慣れ親しんだ学生にとって、社会に出て働くというのは、エントリーする企業も決められないくらいに、未知なことなのです。

「自分で考えないとね」と突き放したら、本人を悩みの堂々巡りへと放り込んでしまうことになりかねません。「どの企業にエントリーしたらいいか、わからない」場合の対処策は二つあります。

一つは、自分のことを分析して、自分の適性に向いている企業を探し出していく、**自己分析アプローチ**です。もう一つは、**どの企業というように一社に絞り込まずに、どのような企業があるのか**を広い視点でみていく、**業界分析アプローチ**です。

ここで就活生が陥りやすい一つ目の罠《わな》があります。それは、就活を始めると真っ先に、「自己分析を始める」ことです。自己分析は、自分のこれまでの人生をふりかえり大切にしている「軸」を探し出し、その「軸」を働き方へとつなげていく方法です。それは自分のこれまでの個人的な歴史をひもとく作業であり、自己の内側に向き合う作業とも言えます。

就活が、企業が求めていることに自分の今後の方向性を適応させていくすり合わせの行為であるのにたいして、自己分析はこれまでの経験を深掘りして自己の内側へと視点をとじていく作業になりかねません。実のところ、自己分析をとおして、しっかりとした「軸」を発掘して、それをもとに就活に取り組むことができる学生は少数です。

自己分析をして自分のことがわかった気になったとしても、企業が何を求めているかに無頓着では、思うように選考は進みません。そればかりか、どの企業にエントリーするかも決められないようでは就活エントリーまでの限られた時間を浪費してしまうでしょう。

自己分析よりも取り組むべきなのは、どのような企業があるのか多岐にわたる業界を見渡していくことです。

就活生が陥りやすい罠

就活生が陥りやすい一つ目の罠として、業界のことをほぼ何も知らずに、自己分析を通して自分探しに没頭してしまうということを指摘しました。そこで業界研究をおすすめしました。ここで二つ目の罠に注意しなければなりません。

二つ目の罠は、業界全体をいきなり把握しようとすると、高校時代までの詰め込み型の頭が再び動き出してしまうという問題です。業界研究に取り組みだした就活生は「業界が多すぎて、覚えきれないし、まったく頭に入らないのです」と嘆いています。

業界全体を知識として覚える必要はありません。社会人の方でもありとあらゆる業界のすべてをインプットしている人はいません。社会人は、自分が身を置く業界や、クライアントとして関わる業界、それらに関連する業界のことを経験的に理解していきます。しかし、就活生の立場でいくつかの業界に携わることは不可能ですよね。

そこで次の二つの方法で、業界を調べていくのです。一番よく取り組まれているのは、「興味を持った業界から調べていく」という方法です。そのとき、気をつけたほうがいいところを具体的な事例をもとにみておきましょう。

私が担当するキャリア体験という講義で興味のある業界を取りあげ、その業界の特性を分析するグループワークを行っています。そうすると、毎年必ず、何人かの女子学生がテレビ業界を調べ始めます。「なぜ、テレビ業界を選んだの？」と聞くと、女子アナという職業に興味があるからだと返答します。

ニュース原稿を読んだり、現場からレポートをしたり、キャスターとして番組の司会をしたり、バラエティ番組で芸能人をうまくファシリテートする様子をみて、知的で華やかなアナウンサーに憧《あこが》れるわけです。もともと、昔から女子アナになることを夢みていたという確固たる意志を持っている学生は、悔いのないところまで挑戦しましょう。

そうではなくて、「関心のある業界を調べてみましょう」というときに「女子アナがよさそうだからテレビ業界」を選んだ学生は危険信号です。何となく関心をもった業界を、希望する業界だといつのまにか思い込むようになり、本選考になるとアナウンサー一筋で就活に取り組んでいくようになります。

このように思い込みから始まった業界への関心が、いつの間にか長年思い続けてきた第一志望の業界なんだという確固たる信念に変わり、そのモードで本採用に突入していくと、外からの言葉が届かなくなります。

「アナウンサーは倍率も相当高いから、他の業界もみておいてね」というアドバイスもまったく響きません。アナウンサーになれるのはほんの一握りです。選考スケジュールの早いアナウンサー試験の結果がすべて出て、それに落ちてしまうと、そこから就活に自信をなくし、自己喪失の時期を過ごします。ゼミに顔を出さなくなるのも、この時期です。その間に、他の業界のエントリーが始まり、切り替えがうまくいかずに乗り遅れてしまうのです。

そのため、業界研究を行うときに関心を持った業界は、これまで生きてきた中での憧れや夢と重なる部分が多いことを理解した上で、そこからいったん距離を置いて、広い視野であなたの関心を客観的に捉えることが必要なのです。

興味のない業界からあえて調べる

そこで二つ目の方法として、「興味のない業界から調べてみる」というやり方に注目してみましょう。就活が始まれば、興味を持っている業界のことは誰もがチェックします。就活を準備していく段階では、興味のない業界を調べて、「なぜ、興味を抱かないのか」を考えてみましょう。そうすると、「興味がないとは思っていたけど調べていくと魅力的な業界」だったという気づきが増えていくことがあります。

業界というのは、建設、製造、商社、小売、金融、マスコミ、ソフトウェア・通信、サービス・インフラ、官公庁・公社・団体、などの九つの大分類にまとめることができます。この中で、あなたが一番知らない業界を一つ取り上げてみて、その業界の特性を見ていきましょう。

ここでは例として建設業界をとりあげてみます。これまで興味を持っていなかった業界は、他の業界より知らないことがたくさんあります。この時、すぐに、新卒採用のリクルーティングページなどの先輩の口コミコメントを参照してしまいがちなのですが、そうではなく、インターネットで収集できる企業、監査法人、シンクタンク、政府機関などが公表している一次資料をみるように心がけます。

たとえば、国土交通省がまとめている「建設業を取り巻く環境」という資料には、①機械化に対応する優秀な技術者や技能者の人材育成、②一旦建設すると作り直しが困難なので、大型の単品受注生産下での品質保証体制の確立、③公共事業の入札・契約手続き、登録管理など、除法管理の徹底とコストダウンをはかるための情報化への対応が課題であるとまとめられています。このようなまとめを参考にして、業界への想像力を膨らましていきます。

調べていくと、建設業の特性として、請負契約、分業産業、施工場所・期間、ジョイントベンチャーなどの業界内必須ワードが出てきます。それらを一つ一つ理解していくことも業界を知る作業なのです。

業界研究とは、調べれば調べるほど力がつく格好の就活力トレーニングです。「興味のない業界を調べることは時間の無駄だ」と捉えているのであれば、大きな間違いです。**興味のない業界をあえて調べ、分析する作業はあなたの就活力を格段に引き上げてくれます。**

というのも、働くという未知の世界に対しての興味は、これまでの限られた人生経験の中でなんとなくつくられたものにすぎないからです。ふと関心を持った業界に固執するより、知らない業界を一つ一つ調べていくことで社会の広がりを感じるようになり、今、みえていないことがみえるようになるのです。働いたことがないからわからないと食わず嫌いになるのではなく、働いたことがないからこそ、調べてみたいという好奇心を大切にしていきましょう。

隙間時間を活用して企業マニアになる

さて、あなたは、何社の企業名を思い浮かべることができますか？　五社程度しか思い浮かばないようであれば、まずはあなたの生活のシーンを思い浮かべてみてください。三食の食事、着ている服、睡眠をとる寝具、友達と連絡をとるスマホ、そのすべてが企業によって生み出されたものです。生活を便利にしていくモノやコトは、企業の産物です。

AIやIoTの技術革新により、世の中は劇的に便利になっています。こうしたインターネット・デジタル社会の中でも、企業はバーチャルに存在しているわけではなくて、社屋を構えてリアルに存在しています。

日本には、約四二一万社の企業があります。そのうち中小企業数が九九・七%を占め、四一九・八万社もあるのです。

上場企業だけでも東証一部（二〇六五社）、東証二部（五二二社）、マザーズ（二四五社）、Jasdaqスタンダード（七〇六社）、Jasdaqグロース（四一社）Tokyo Pro Market（二二社）の合計三六〇一社あります（二〇一八年一月時点）。

どのような企業があるのかを多くの視点でみていくときに、インターネット時代に手っ取り早いのが、ランキング検索です。とくに上場企業であれば、従業員数、平均年齢、平均年収、営業利益、資本金などなど、企業ランキングを通して、「どのような企業」があるのかをみていくことができます。

ランキング検索の良さは、「関心を持った」企業というような主観的な視点で集められた企業リストではなく、検索項目を軸にした客観的な基準で並べられている点です。

この企業リストをみていくと、名前を知らない企業が相当数あることに気がつきます。**これまで生きてきた中で、あなたが知っている企業は、日本の企業の中でほんのごく一部にすぎないということを身をもって知ることができるのです。**通学途中の電車の中や、日頃の空いた時間に、気軽な気持ちでランキング検索をしていきましょう。

二〇一八年三月現在、国内営業利益ランキング一位の企業はどこでしょうか？ トヨタ自動車ですね。それでは、五位や一〇位の企業はどこでしょうか？ 私が今検索したところでは、五位はソフトバンクグループで、一〇位はみずほフィナンシャルグループでした。

では、ちょっと角度を変えて、上場企業の中で平均年齢が最も高い企業はどこかわかりますか？ この質問は社会人でも答えられる人は少ないでしょう。一位は太平洋興発という企業で、平均年齢は五七・八歳です。

もし、この太平洋興発という名前をみて、実際にどのような事業を手掛けている企業であるか思い浮かばなければ、太平洋興発の企業ホームページを検索してみましょう。そうすると、一九二〇年に設立され、資本金は四二億円、売上高二九四億円、従業員が二七一名の企業であることがわかります。資本金や売上規模からみると、従業員数がかなり少ない企業です。

主要事業は、不動産の賃貸・仲介・管理事業、石炭・鉱山機器の販売、海運業、建築資材・石油販売、保険代理業などです。不動産からサービス業まで多岐にわたる事業を展開している企業であることがわかります。

これらの企業情報をつかんだ上で、あらためて、なぜ、平均年齢が高いのだろう？という問いを考えます。新卒採用数が少ないのか。中途採用者が多いのか。勤続年数の長いベテラン社員の待遇が厚いのか。若手従業員の離職者が多いのか。いろいろな問いが思い浮かぶはずです。

ここでは、その問いの答えを突き詰めることが大事なのではありません。むしろ、このように知らなかった企業に関心を持ち、問いをたてて、いくつかの考察をしていくことが企業や業界を知っておく意味で、大切なのです。

いろいろな企業のことを調べて、様々な視点で企業の分析ができるようになると、街中の企業広告、ネットでの特集記事、それ以外にも日常生活の中で様々な接点があることに気がつくはずです。そういったことを心がけるために、**企業について調べる時間を日頃の生活に埋め込むようにして習慣化していきましょう。**

そうした習慣化によって、多岐にわたる企業に関する情報を調べていくと、その知識が社会に出てからの足腰にもなります。広い視野で企業に関心をもつことは、私たちが生きている社会に関心をもつことにもつながります。

このように業界を分析し、隙間時間を使って企業マニアになっていく中で、興味を抱く企業がいくつかみえてくるようになります。関心のある企業がいくつかみえてきてから、自己分析をしてもけっして遅くはないのです。

企業選びで大切な五つのポイント

業界研究を進めていくと、次は企業選びを考えるようになります。企業選びを進めていく際には、①産業・市場分析、②職場・組織特性（勤務形態・勤務時間・待遇・制度・

年収）、③（社長や社員の）人柄の三つの視点から候補を絞り込んでいきましょう。

この三つの視点は、企業を選ぶ上でのマクロの視点（産業・市場分析）、メゾの視点（職場・組織特性）、ミクロの視点（人柄）にそれぞれ対応しています。

①「産業・市場分析」についてみていきましょう。企業というのは、安定して利益を生み出すことができなければ、存続が危うい組織形態です。人を雇えば、人件費が発生します。職場スペースを確保するには、賃料が発生します。光熱費も発生します。ＰＣや各種の電気機器なくして仕事は成り立ちません。商品をつくり、販売する場合には、原材料費や商品開発費などもかさみます。

ともかく、様々なコストがかかります。諸々の支出に耐えうる安定した利益を生み出すには、産業のトレンドや市場の動向をつかまえることが大切です。今日のトレンドで言えば、ＡＩやＩｏＴによる技術革新をキャッチアップしている企業であるかどうかは見極めの一つのポイントになります。

現在の売上が過去のノウハウに固執することで生み出されているのであれば、産業や市場の変化の中で、取り残されていくリスクが大きいと考えてよいでしょう。そのため、そういった企業よりも、経営の基礎体力を維持しながらも、絶えず変化に対応し、進化し続ける企業を見つけ出していくのです。

次に大切なのが②「職場・組織特性」です。業界・市場分析で好印象の企業であっても、「働きやすい職場」であるとは限りません。企業は組織ですので、一人の力ではなんともならないことがあります。そのため、雇用待遇・職場制度・年収があなたの考えにマッチしているかどうかを検討していくのがよいでしょう。可能な限り、「職場の雰囲気」を体感してみると、残念ながら思い描いた働き方と違うなという職場を避けることができます。これについては、あとでとりあげていますが、インターンシップを通じて「職場の雰囲気」を体感することができます。

「職場の雰囲気」と関係して、③社長や社員の「人柄」をみることを、私は学生によくすすめています。雰囲気というと何か感覚的でぼんやりしていますが、実際にその職場で働いている人に注目することで、あなたにあった企業かどうかわかりやすくなります。

一番望ましいのは、直接会って質問を投げかけながら話をしてもらうことですが、個人的に会うことが難しければ、関心を持った企業の社長が登壇する講演会に足を運んでみたり、社員が登壇する学内外での企業説明会に行って、話を聞いてみるようにしましょう。

直接話を聞く機会が持てない企業でも、今は不便を感じません。企業のホームページをみれば、社長の挨拶や社員の言葉が掲載されています。それらは対外的な発信を考慮して、「生の声」をそのまま掲載したというよりは、企業のPRとしてまとめられているものですが、それでも見ておく価値はあります。常日頃からいろいろな企業のホームページを閲覧していくことを日課にしておくと、企業の方向性や事業成長力についてもあなたなりの判断ができるようになっていきます。

SNSで友達とコミュニケーションを交わすことや、ソーシャルゲームに夢中になるのもいいですが、等しく限られた時間の中で、企業について関心を持って、そうした情報を収集していくことに力を注いでいきたいものです。

稼ぐ力がある企業を見抜く

大学の学びの中では軽視され、企業では重要視されることのひとつが、稼ぐ力を見極める視点です。企業を選ぶ際には、その企業は稼ぐ力があるのかどうかを見極めなければなりません。企業はいかなる業種であれ、収益力がなければ存続できません。企業資金は泉のようにわき出るものではなくて、事業をとおして生み出されるものです。稼ぐ力がなければ、社員に給与を支払うことはできないのです。

稼ぐ力を見抜く目を養うための方法として、IR資料の読み漁《あさ》りをおすすめします。

IR（Investor Relations）とは、企業が株主や投資家に対して、投資判断に必要な財務状況などの情報を提供する活動をさしていて、IR資料は決算資料、事業の概要説明、年次報告などをまとめたものです。スマホから無料で閲覧可能です。

試しに、ここでは上場企業で売上高一位のトヨタ自動車についてみてみましょう。「トヨタ自動車　IR」と検索をかけると、IRライブラリというサイトが表示されます。サイトをクリックすると、半期ごとの決算情報が記載されています。

ここで決算要旨をクリックするのは、いきなりハードルを上げてしまうことになるので、「**決算説明会プレゼンテーション資料**」を開いてみてください。

この説明会資料は、写真やグラフを用いてみやすく、内容もわかりやすくまとめられています。大学一年生でも大方の内容を理解できるでしょう。トヨタ自動車の場合には、連結販売台数の資料が掲載されています。国内、北米、欧州、アジア、その他（中南米、オセアニア、アフリカ、中近東）で何台売れたのか、その増減をみることができます。

ポイントは、**IR資料に記載された内容を最初からすべて理解しようとしないことです。就活生にとってIR資料はわかるところからのつまみ食いでOKです。**IR資料に目をとおして、企業の経営状況や事業戦略を把握して、エントリーしている就活生は一割もいません。

二〇一八年三月期の決算資料からは、北米での販売が増加している一方で、国内やアジア諸国での販売が減少し、その他の地区では横ばい傾向にあることがわかります。

IR情報には事業戦略もまとめられています。トヨタ自動車は、電動化・自動運転などにチャレンジしていくことを表明しています。これらをみて、「自分ならどんな戦略を立てるのか？」をノートにまとめて、友人たちとディスカッションしてみるのもいいですね。

続けて、「NTT　IR」もみておきます。同じようにみていくと、長距離・国際通信、データ通信で営業収益を伸ばしていて、スポーツ、交通・運輸、製造など他社のデジタルトランスフォーメーションをサポートしながら、新たな価値創造や社会的課題の解決に向けて、取り組んでいることがわかります。このように、企業の収益構造や現状、今後の事業戦略は誰でもアクセスできる情報として公開されているのです。

すべての内容を理解しなくてよいので、関心のある企業のＩＲ情報のつまみ食いを続けていくと、企業がいかに稼いでいるのか、事業戦略に伸びしろがあるのかといった判断を、それなりにできるようになっていきます。

その先に決算資料を読めるようになれば、企業の財務状況を把握できるので、収益を上げるために苦労している企業や、倒産危機にある企業も見抜くことができます。「貸借対照表」の流動負債が多い場合や、「損益計算表」の経常利益が複数年赤字である場合など、苦しい経営状況を知ることができるのです。残念ながら中小企業に関しては、決算関連資料や財務諸表を法的に開示する義務はないので、公開している企業はほぼありません。

ＩＲ情報や財務諸表は企業の成績表です。ＩＲ情報のつまみ食いで養われる企業分析する力は、就活を始める前のビジネスの基礎体力になります。

内定がゴールではない

どの企業で働きたいかがなんとなく定まってきた頃に肝に銘じてほしいことが、**内定をとることを最終ゴールに設定しないということです。内定はゴールではなく、入口にすぎません。**大学を卒業してからどんなふうに働きたいか、働きながらどんな人生を歩んでいきたいのか、そういったキャリアプランを考えたうえで、内定と向き合うのがよいでしょう。

就活における内定は、大学を卒業して社会人として働いていく**通過点にすぎない**と学生にはよく話しています。内定という結果より、内定に至るまでと内定から卒業、卒業してから社会で働いていくプロセスに目を向けていくべきだからです。

そうした視点がないと、目先の内定に囚《とら》われて、苦労して内定を獲得し、せっかく働きだしたのに、その企業を辞めてしまうことになりかねません。入社後三年以内に離職してしまうという問題は、内定をゴールにして、その先の働き方を十分に考えない就活が引き起こす、いわば、構造的な問題だとも言えるのです。

先日も新卒で働きだした企業を辞めようとしている卒業生が相談にやってきました。

「会社を辞めようと思います。内定したことはうれしかったですけど、その先をまったく考えていませんでした。夜遅くまで残業をすることが当たり前で、とにかくがむしゃらに企業のために働くという働き方や職場の雰囲気が自分にはあいませんでした」

本人はもう辞めることを決めているのですが、背中を押してほしいのでしょう。辞めることを相談に来ているのではなくて、辞めた後、どの企業に転職したらいいのかを相談にきているのです。キャリアアップのための積極的な転職ならまだしも、就職したばかりの企業とのミスマッチによる退職は辛い体験となるので、できるだけ回避したいものです。

就活を通して、突き詰めて考えるべきことが一つあります。それは、「あなたがどう働いていきたいか」です。その働き方にあう企業を選び抜き、その企業から内定を勝ち取るために準備していくことが、入社直後にミスマッチで辞めないで済む秘訣《ひけつ》です。

大学を卒業してから、どんな人生を歩んでいきたいのか、何を成し遂げたいのか。大学卒業後に平均して六〇年続く人生をどう生きるのか。そのことを思い描きながら、内定の先のキャリアプランを形にしていくことに力を注ぎましょう。

そのために、どのような企業で働きたいのか。このように、**長期的な時間軸の中で就活を位置づけておきましょう。**

働き方のイメージを軽視できない理由

先にあげたようなミスマッチは企業としても事前に防いでおきたいと考えています。せっかく採用した新卒がすぐに辞めてしまうと、企業としては再び採用にコストをかけることになります。企業は、あなたがどのような働き方をイメージしているかに関心があるため、ＥＳでは「**あなたにとって働くとは、どのようなことですか？**」という設問がよく出されます。

ここからはより具体的な対処法を示すために、過去に出題されたＥＳの設問に、就活生がどう記述したのか、どう改善すべきかを取り上げていきます。

それでは、キャリア体験のクラスを受講していた二年生の谷口祐樹君のＥＳをみることにしましょう。ちなみに、ＥＳ文中の横線は私が加えたものです（以下各章同じ）。

働いてみないとわからないと思います。コンビニで週に三日アルバイトをしてきました。二年間続けてきたことから学んだことは、与えられた仕事をこなすということです。単純なレジ作業でもミスをすれば、店長にもお客さんにも迷惑をかけてしまいます。ミスをしないように心がけて、目の前の仕事を機械的に行うのが私にとって働くことです。

谷口君のＥＳは、アルバイト経験に基づいた素直な内容です。素直に表現することは好印象を与えます。ただ「どのようなことですか？」と聞かれているのに対して、冒頭で「働いてみないとわからない」というのは、「どのような」という部分の説明が抜け落ちており、ＥＳを書くための準備不足もうかがえます。

こういった準備不足の状態で就活に臨まないためにも、就活が始まる前に時間をとってじっくりと働き方のイメージを膨らませ、働く意味について考えておく必要があります。また、同時に、先にも取り上げたように、日頃から業界や企業について調べておくとES作成時に慌てなくて済むのです。
二年生の頃から働くことについてよく考えていた近藤弘樹君のESも参考にみてみましょう。

私にとって「働く」とは「人生の目標に向けて走り続けるチームマラソン」です。一人で走り続けることはできません。同僚やサポーターと連携しながら目標に向けて走り続け、その過程での困難を乗り越えていくことにやりがいを実感することが働くことだと思っています。毎回結果にこだわり、その都度目標を達成できるように取り組んでいきます。そうした取り組みの中で、自己と自分を取り巻く仲間が一緒に成長していく過程で働く意義も見出していくことができます。働くのが楽しみで仕方ありません。

近藤君が強調しているのは、仕事は同僚やクライアントと協力しながらチームで取り組むものである点と、目標を設定し、その過程で直面する様々な困難を乗り越えながら、結果を出していくという点ですね。

企業の一員になるわけですから、一人で働くことは誰にもできません。そのあたりの働く本質を理解して、挑戦していこうとする姿勢がみえる近藤君に、人事担当者は会ってみたいなと感じるはずです。

憧れの社会人をみつける

「どんなふうに働いてみたいか」このイメージを膨らませるのが、簡単ではない学生も多いかと思います。その場合には、「どんな「社会人」に憧れますか?」という「人」にフォーカスした問いに置き換えてみましょう。

仕事は人がつくりだしています。いかなる業界のどのような事業であれ、それを生み出しているのは「人」です。この当たり前の前提に今一度、立ち戻ることで、働き方や生き方のイメージを膨らましていくことができます。人に着目して、働き方について考えていくアプローチは、見当外れではないのです。

私が担当するライフキャリア論の講義でも「どんな人に憧れますか？」と問いかけることがあります。実際に、憧れる人を三人あげてもらい、その理由を書いてみるように話します。そうすると、まずあがるのが、著名人の方々です。

世界的に活躍するミュージシャンやスポーツ選手、芸能人。著名人の生き方は、格好良くみえますね。それらの方々は、地道な努力や取り組みによってそのポジションを築いてきたのだと思いますが、著名人から想起される「どんなふうに働いてみたいのか」というイメージはあなたが求める働き方の参考にはならない場合がほとんどです。その「人」のどの部分に憧れたかをしっかり分析することに意味はあります。しかし、あまりに雲の上の人ですと、現実的なキャリアモデルにはなりづらいので注意しましょう。

次に多いのがご両親ですね。著名人のような雲の上のキャリアモデルと比べて、最も身近なキャリアモデルが両親になります。父親や母親のようになりたいと書く学生たちをみて、ご両親は素晴らしい関係性を築いてきたのだろうなと思います。

ただし、この身近なキャリアモデルのみに憧れを抱くのはリスクがあります。ご両親が歩んできた社会状況とあなたがこれから歩んでいく状況と違いがあるからです。たとえば、終身雇用制度が慣例だった時代から、今は一つの会社組織で働き続けるのではなく、転職するなど個人のキャリアに重きが置かれる時代になっています。そうした変化には敏感に対応していかなければなりません。

そのため、雲の上のキャリアモデルでもなく、もっとも身近なキャリアモデルでもない、ちょっと背伸びをしたら届きそうなメンター的なキャリアモデルを学びの柱にすえましょう。メンターというのは、ゼミの教員や友人とは別に、社会で実際に働いている人で、あなたに足りない部分を的確に助言してくれる存在です。

そして、メンター的なキャリアモデルとなる人とは、「なりたい自分」のイメージに近く、突き進んでいく分野で先に活躍している先輩であり、コンタクトをとると直接相談することができるような人です。

今は、ホームページやソーシャルメディアを活用している人が増えているので、勇気を出して連絡をしてみると、直接会ってもらえることも珍しいことではありません。年齢に関係なくその分野での変化に対応できているかどうかは、大事です。

メンターが語る実際の経験が何よりの学びになります。この社会人メンターからのアドバイスはできるだけ具体的なものが望ましいです。就活の準備で大切なことは、働いている人に会って、実際にどのように働いているか、その内側をその人から聞いて、その経験をあなたの知見としてため込んでいくことです。

ちなみに、これまで一〇年間のゼミ生の就活で、満足いく内定を手にした学生の多くが大学一、二年生のときに、メンター的なキャリアモデルをみつけ、その方から直接アドバイスをもらっていました。

企業側における新卒採用の狙い

仕事のイメージが少しずつできてきたら、次は人事担当者の視点から採用を考えてみましょう。選考が思うように進まずに就活で苦労する学生は、人事担当者の視点から就活をみていないことが多いです。企業における新卒採用の狙《ねら》いや意味を考えたことがないので、選考時の自己呈示がズレてしまっているのです。

職業紹介事業や労働者派遣事業を行う従業員三万人以上の上場企業で、新卒採用を担当している筒井太郎さんの言葉をみてみましょう。

「つまらない学生が増えました。面接をしていても人柄が伝わってきません。パッケージ化されていて、個性がないのです。見た目も話す内容も一緒です。面接の途中で「あ、間違えました」といって覚えてきたものを機械的に話す学生もいる」と言います。

筒井さんは、このように就活生がパッケージ化されてしまうのは、「**就職活動がどこか自分事ではない。準備の仕方がわからずにはじまり、内定を目的とした活動になっている**」からだと指摘されました。

就活でエントリーする企業を選ぶのはあなたですが、あなたを採用するかどうかを決めるのは企業です。**「あなたが企業に採用される」**という就活の一連のプロセスを、**「企業があなたを採用する」**という視点に置き換えて捉えてみましょう。

企業が新卒採用する目的は明確で、**一緒に働く仲間を増やし、組織力をあげるためです。**一〇人採用すれば、一〇人が新たにチームに加わります。三〇〇人、一〇〇〇人と採用すれば、採用した人数だけ、働く仲間が増えるのです。

働く仲間が増えれば、職場の雰囲気も変わります。人を増やすという点では中途採用も一緒ですが、新卒採用は「これまで企業で働いたことのない若くてフレッシュな人材」の採用が目的です。新卒者を採用していくことで、社員の年齢構成のバランスも良くなり、次世代を担う社員を組織で育てながら、組織自体も成長していくことが可能になるのです。**企業の将来を担っているのは、「人」です。**働く「人」に焦点をあてて、就活を進めていくと一歩前進していくことができます。新卒採用の狙いや意味がわからなければ、それに応じた戦略を立てたり、準備をしていくことができません。付け焼刃的にやってしまうと、筒井さんが語ったようにマニュアル一辺倒になってしまうのです。

企業の顧客を調べる

さらに筒井さんは、「**夢がないなら、無理につくる必要はありません。**夢がない理由は、自分のことと、社会のことをよくわかっていないからです。自分のことを理解して、社会の変化やマーケットの特徴をつかむことができれば、どんなふうにしていきたいかというイメージがわいてきます」と話してくれました。

自分のことがよくわからないままに、就職活動に突入した学生を面接していると決まって、「日本を元気にしたいのです」といった大袈裟《おおげさ》なことを話し出します。このよくわからないという状態には、業界分析を行う際、それまでの限られた自分の経験のみで判断してしまう学生が陥ります。関心を持つ業界がないのであれば、これまでの経験という「色眼鏡」を外して、どのような企業があるのか、みていくことが大切になります。何となく「広告代理店がカッコイイとか、銀行が安定している」といったイメージで判断してしまうと、視野を狭めてしまうことになります。この筒井さんの指摘は、さきほど取り上げた「あえて関心ない業界から調べていく」ことに重なります。

社会の変化やマーケットの動向の中で、関心のある業界を位置づけておくことができれば、面接のときに、「他の業界と比べて伸びる理由を教えてください」という質問にも自分なりの考えを示しながら答えていくことができます。

業界研究は奥が深く、いろいろな業界の動向を分析していきながら、掘り下げていくと様々な違いが見えてきます。筒井さんが就活生にアドバイスをしているのは、「**業界研究で調べた企業の顧客を調べておくこと**」です。

キャリアセンターを利用する

大学のキャリアセンターを訪ねたことはありますか？　キャリアセンターで働いている大学職員の方々は、あなたの就活をサポートしてくれるスペシャリストです。教員よりも就活の動向に詳しいです。就職活動のガイダンスでは、近年の就職活動の概要や進め方について学ぶことができます。個別での面接相談を受け付けているところもあります。

労働法の基礎知識や求人票の見方、ブラック企業の見分け方についても詳しく教えてくださいます。より実践的な講座として、ビジネスマナー、ＥＳ対策、自己分析の方法、模擬グループディスカッション、面接対策まで、就活に必要な対策を網羅しています。キャリアセンターでの就活関連イベントは、できるだけ早くからフォローして、積極的に参加することをおすすめします。

キャリアセンターに足を運ぶようになると、企業の人事担当者の方たちが大学に来ているということに気づくようになります。学内の業界別説明会なども多数開催されていますので、顔を出してみましょう。

自分の学部や他学部の卒業生の就職先や就活体験がデータとしてストックされていることもキャリアセンターの強みです。同じ学部や同じ大学の先輩たちが、どのような企業に就職しているかを把握しておくことは、あなたの就活の方向性をみつける上で、貴重なデータとなります。

就活について自ら外に出て関心を持った企業や業界の人に会うことと、学内でキャリアセンターの就活関連のイベントをフォローしていくことで、就活の成功確率は格段に上がっていきます。

定期的にイベントに顔を出すようにして、キャリアセンターのスタッフに名前を覚えてもらい、アドバイスをもらえるような関係づくりをしていきましょう。そうすることで、キャリアセンターのスタッフが、学内の社会人メンターとして状況に応じた助言をくれるはずです。

選考プロセスを俯瞰する

それでは、ここで就活の選考がどのようなスケジュールで進んでいくのか、その全体を俯瞰《ふかん》して、イメージを膨らましておきましょう。元ゼミ生の吉田美里さんの就活プロセスを参考までにみておくことにします（五〇頁）。吉田さんは五年ほど前の卒業生で、選考の日程はその当時のものです。

新卒採用の開始時期は、日本経済団体連合会（経団連）の「採用選考に関する指針」で発表される採用選考活動開始時期が目安とされます。経団連は、日本を代表する一三五〇社、製造業やサービス業等の主要な業種別全国団体一〇九団体、地方別経済団体四七団体から構成されています。

経団連が示す「採用選考に関する指針」には、学業に専念する時間を確保し、採用活動についても学生の事情に配慮して行うことが記されています。

ちなみに、二〇一八年三月一二日に出された指針では、広報活動時期を卒業年度に入る直前の三月一日以降、選考活動時期をその三カ月後の六月一日以降として、正式な内定日を一〇月一日以降とするとされています。留学経験者、卒業時期の異なる学生、未就職卒業者への対応として、多様な採用選考機会（秋季採用、通年採用などの実施）を提供することも明記されています（日本経済団体連合会ＨＰ：http://www.keidanren.or.jp/policy/2018/15.html）。

しかし、企業側のリアルな採用期間としては、経団連が推奨するスケジュールよりも前倒しして行われています。とくに、市場の安定と企業経営の順調な売り手市場では、できるだけ早くによい人材を確保しておくために企業による採用戦略は前倒しされていきます。

新卒スケジュールは、確定されたものではありません。この点からも、できるだけ早めに就活の全体を把握し、準備を重ねておく必要があります。

吉田さんは七〇社の企業を就職希望先として候補に選びました。その内、約三〇社の企業の説明会に参加して、ＥＳを提出したのは三四社です。ＥＳとテスト選考を通過して、面接を受けたのが、一八社です。エントリーした企業先の業界をみていくと、コンサル系、ＩＴ・通信系、メーカー、小売り、サービス、不動産、マスコミ・メディアな

1次選考	2次選考	3次選考	4次選考	
12/21 GD	12/28 個人	1/8 個人	1/20 個人	
4/9 GD	4/12 個人	4/21 個人	5/6 個人	
1/15 個人				
3/15 ES				
4/1 GD	4/7 個人	*4/12 集団*		
4/5 集団				
4/9 GD				
2/26 集団	3/15 個人	3/30 個人	4/6 個人	*質問会*
3/8 個人	3/19 個人	質問会		
3/17 GD				
3/27 個人				
2/8 集団	2/21 GD			
4/13 個人				
2/23 GD	3/4 GD	3/10, 12 インターン	*4/9 個人*	
3/8 集団	3/31 個人	4/12 個人	*4/27 個人*	
4/13 GD				
GD	2/22 GD	3/19 個人		
2/12 GD	2/27 GD	3/15 個人	3/26 個人	
3/29 GD	4/6 集団	4/12 集団		
4/1 個人	4/5 個人	4/7 個人		

	説明会	ES・履歴書	テスト
大広	2月5日	＼	＼
Cyber Agent	12月9日		
Cyber Agent（2回目）			
三菱地所リアルエステートサービス	12月14日		テストセンター
東宝		1/27〆切	
フジテレビ		3/1〆切	webテスト
テレ朝		1/27〆切	webテスト
凸版印刷	1/12, 2/23	4/1提出	webテスト
サントリー	3/23（座談会）	2/19〆切	webテスト
サントリーフーズ	2月17日	2/23〆切	
DNP		3/10〆切	webテスト
ANA（CA職）	3月14日	3/14提出	4/9筆記
博報堂		2/3〆切	2/24筆記
DAC	2月9日	＼	＼
読売広告社	2月4日	3/1〆切	4/5筆記
softbank	2月16日	＼	＼
フラップジャパン	3月17日	3/17提出	
Plan・Do・See	1月20日	1/20提出	
楽天	1月30日	1/7〆切	webテスト
メディックス	2月3日	2/3提出	テストセンター
資生堂		3/1〆切	
ユニチャーム		1/31〆切	
森ビル	2月15日	3/17〆切	webテスト
森トラスト	2月15日	＼	＼
森ビル流通システム	3月2日	3/2提出	
東急不動産	2月2日	2/12必着	webテスト
タカミブライダル	2月18日	2/8提出	
日テレアックスオン	2月21日	＼	＼
博報堂プロダクツ		3/7〆切	
セプテーニ	2月23日	2/23提出	×
博展	3月2日	2/12〆切	テストセンター
ベクトル	3月3日	3/12〆切	×
明治製菓		2/26〆切	
ネクスト	1月25日	3/19提出	
フューチャースコープ	2月12日	3/15提出	webテスト
WOWOW	2月17日	＼	＼
東京海上日動（一般職）	3月9日	＼	＼
サイバーコミュニケーションズ	2月10日	＼	＼
アイスタイル	3月20日	3/20提出	
docomo		3/12〆切	webテスト
損保ジャパン（一般職）		3/15〆切	webテスト
FUJI FILM		3/7〆切	

吉田さんの就活のスケジュールの一部

斜線は説明会参加後、エントリーしなかった企業

ど、幅広く受けています。

就活生のエントリー傾向をみていると、卒業後にやりたいことが明確で、一つの業界に絞り込んでエントリーしていく学生は少数です。吉田さんのように、関心のある複数業界の中で特に興味を持った企業にエントリーするとよいでしょう。業界によってESや面接で求められてくることが異なり、複数業界にエントリーすると、負担が増えると危惧する就活生も毎年いますが、それは半分あっていて、半分は間違っています。

複数社にエントリーしていくという点ではたしかに負担は増えます。ただ、就活の実態をみていると第二章で触れるように、企業のESでは業界を問わず近似したテーマが聞かれる傾向にあります。業界ごとにまったく違った準備が必要とされるわけではないのです。複数業界にエントリーする時にPC上でESの雛形《ひながた》をつくっておけば、たたき台の文章として使えます。

また、働き方をデザインする通過点として就活を捉えるという視点に立てば、就活の機会に様々な業界を広くみて、実際に面接でそれぞれの業界の人たちとコミュニケーションをはかることもすべてあなた自身の経験になります。

とはいっても、複数業界に闇雲にエントリーしていると、選考過程でのスケジューリングができなくなるので、あなた自身、どこを見て何を大切にするのかという「軸」を決めて、企業選びをしていきましょう。

面接は個人面接と集団面接（グループディスカッション形式も含む）を行い、一次選考から四次選考まで進んでいきます。

この選考プロセスからわかることは、内定するまでに二、三カ月はかかるということです。この選考が複数社同時に進んでいきます。いつからどこの場所で、どの企業の何次選考なのかなどスケジューリングをミスなく行う必要があります。

第一章では、エントリーする企業を選ぶのに、自分の強みや弱みを分析するよりも、どのような企業があるのかを業界を絞ることなく広く調べていくことが近道であることを述べてきました。さらに、就活全体の流れをつかむことができましたね。

続く第二章からは、選考過程をより詳しくみていきます。まずは、書類選考です。

顔の見える自己紹介を書くために

「あなたはどんな人ですか？　具体的なエピソードを交えながら、一五〇字以上から二〇〇字以内でまとめてください」というストレートど真ん中の設問もESではよく出ます。分量は四〇〇字程度のときもあります。こうした設問が出るので、あなた自身がどんな人間であるかを自己分析していくことも避けては通れません。

「二〇〇字なんかでは、短すぎて書けない」というのが、よくある反応です。確かに短いですね。では、何文字なら書けるのでしょうか？　長ければ書ける、というものでもありません。限られた字数内で、あなたのことを伝えるテクニックが求められます。

それでは、一度、書いてみてください。すらすらと書けそうですか？　大学の講義でこの問いの答えを書くことはほとんどありません。演習形式での少人数講義を履修した時に、口頭で自己紹介をすることはあるかもしれませんが、それを文章としてまとめることはないでしょう。大学はESの書き方を教えてはくれません。例外的に、キャリア系科目を受講すればESの注意点を学べます。

たとえば、「自己紹介を話す」ならなんとなく雰囲気でいけそうですね。でも、「自己紹介を書く」となると何か逃げ場がないような感じすら受けるのではないでしょうか。「自分ってどんな人間だろう？　何を書けばいいのだろう」と、悩むことでしょう。

ゼミ生の高岡純也君が書いたものを一緒にみていきましょう。高岡君は、二〇一八年現在、就活中の三年生です。

私は新しいことが好きな現場主義の人間です。アイディアというのは、机上で考えるのではなく、実際に人に会って話をしたり、現場に足を運んで動きながら考えだすものだと思っているので、いつでもフットワークよく出かけるようにしています。日頃から文化や経済、政治に関する興味のあるイベントにはできるだけ参加して、情報収集に取り組んできました。（一六四字）

この内容を読んであなたはどんな印象を持ちましたか？

指定された字数内で内容をまとめていますね。文章それ自体も悪文ではありません。でも何か物足りません。

私は高岡君らしさが文章にまったく反映されていないという印象を受けました。高岡君の人となりがこの文章を通じてみえてこないのです。それは、具体的なエピソードが誰もが答えそうな平板な内容になっているからです。

冒頭の「新しいことが好きな現場主義の人間です」の一文。これだけですと、他にも同じような人はいそうなので、「新しいことが好きだ」というエピソードを交え、どのような現場主義の人間なのかを書くことで、高岡君らしさを表現することができるでしょう。

ESでは、聞かれた内容についてたとえそれが本来の自分とはややズレがあるとしてもそれなりに考え、相手に伝える必要があります。自分を知ってもらうということは、社会において非常に重要なスキルなため、自分をしっかりとわからなくても、それに近いものを文章で伝えなければなりません。
自分を偽った、フェイク・エピソードを書く必要はまったくありませんし、ESを読む人事担当者はそんなことを期待していません。ESを通過して、面接へと選考が進んだときに、そのような嘘《うそ》はかえって自分の首を絞めることにもなりかねませんので注意が必要です。

相手の関心をひきつけるエピソード

具体的なエピソードを引き出すために、私は「最近、経験した新しいことって何？どんな気持ちになったの？」と高岡君に聞いてみました。すると、ドローンを使った動画撮影にハマっているという高岡君らしいエピソードを語り出したのです。それを活かして文章にしてもらうと、次のように改善されました。

新しいことが好きで、最近はドローンでの空撮動画に没頭しています。とくに、ITテクノロジー関連のニュースには日頃から情報感度をあげていて、先日も、ドローン関係のイベントに参加して、情報収集や交換を交わしました。すぐに足を運ぶフットワークの良さが私の持ち味です。ドローンを用いた動画撮影と観光政策に関する卒業論文をまとめています。（一六三字）

先ほどのまとめよりは、「ドローンは今どこまで進化しているの？」と関心を抱くような内容になっていますよね。このようなエピソードを交えながら、相手に関心を持ってもらえるような内容を加えていきましょう。

この問いに答えが書けない場合には、大学生活を一緒に過ごしている友人やあるいは、これまでの歩みをみてきた両親にあなたのことをあらためて聞いてみるのも悪くありません。それで少しずつあなたらしさが浮かび上がってきたら、まずは書いてみて、その後、内容の検討と文章表現の検討を中心に推敲《すいこう》していきます。

ビジネスシーンでのアイスブレークの時にどのような紹介をするのか、をイメージしておくと書きやすいのではないでしょうか？　クラスで友達を増やすための自己紹介ではないので、妙にウケを狙《ねら》う必要もないです。高校生までに求められる自己紹介と、社会人として求められる自己紹介は決定的に異なります。その違いを理解して、大学生の間に、高校生までの自己紹介を卒業して、社会人に求められる自己紹介の内容を育てていきましょう。

ESは、同じような設問であっても大学生のトレンドにあわせてマイナーチェンジしていきます。五年ぐらい前は、「あなたらしい写真を一枚貼り、なぜ、この写真を選んだか、エピソードを交えて書いてください」「あなたらしさを一言で表現してください」というような設問がよく出ていました。

最近では、「あなたらしいインスタふう写真を一枚貼り、なぜ、この写真を選んだか、エピソードを交えて書いてください」、「あなたらしさをtwitterの一四〇字以内で表現してください」というのも出されています。

人事担当者もいろいろと考えているのですね。

読む人がどう感じるかを考える

「あなたはどんな人?」の他に、「あなたの長所と短所」に関する設問も頻出します。

自分の長所と短所をあらためて書くのも、何かこっぱずかしい感じがします。

私も一社会人として一四年間働いていますが、「あなたの長所と短所をそれぞれ教えてください」などと言われたことは一度もありません。社会人の方が、このような問いをビジネスシーンで発しているのを聞いたこともありません。でも、就活では当たり前のように聞かれます。

そのため、「なんでこんな質問を投げかけるの？」「どんな内容を書くことを期待しているの？」と考えすぎないことも大切です。**いちいち、気にせずに設問に素直に答えていく、あるいは、まるでゲームをやっているような感覚で一つ一つクリアしていくということが悪循環に陥らずに済む姿勢だといえるかもしれません。**

この質問に対して、次のように書いたゼミ生がいました（ここでの課題は二〇〇字以内でした）。

長所：気持ちの切りかえがはやいところです。少しつまずいたと思うことがあっても、日々の楽しいことに目をむけているので、おいしいものを食べたとか、いい天気であるとかそういう日常の小さいことからでも、いい気分になるので嫌なことはすぐ忘れていきます。すごくはしゃいだ次の日であっても勉強すると決めたら真剣に取り組みます。

基本的には、このようにあなたが思うご自身の長所と短所をまとめていけば項目は埋まります。ここで、一つ念頭に置いてほしいのが、**この内容を読む人がいるということです**。ESを書くという行為は、自分しかみない手帳や日記に書き留める行為ではないのです。この当たり前の前提を忘れがちな学生も多くいます。

上記の内容であれば、限られた字数の中で長所を書くのに、「おいしいものを食べたとか、いい天気であるとかそういう日常の小さいことからでも、いい気分になる」という説明文は必要でしょうか?

そういった部分を減らして、自分の長所が、その組織で働くことにどのようにつながっていくのかを書くようにすると、中学生の作文のような内容からESで求められる内容へと変えていけるはずです。

ＥＳを読むのは、あなたを次の選考に進ませるか、ここで落とすかの判断を下す人事担当者です。

私が人事担当者であれば、短所の内容は、より注意深く読みます。というのも、採用とは「他の社員とうまくコミュニケーションが取れる人物であるかどうか」「組織人としての行動がとれる人物であるかどうか」を見抜く行為であり、あなたが記す短所に組織的行動に不向きであるような内容が書いてあれば、注意しなければならないからです。

その視点で、ゼミ生が書いた短所を一緒にみてみましょう。

短所：向こうみずなところです。何でもやってみたい、知りたいと手をだし、頭より体が先を行くので、失敗することもしばしばあります。やりたいことが先行してしまい、一人で突っ走って、まわりに迷惑をかけてしまうこともあります。（一〇五字）

二〇〇字の字数制限の半分で記入不足かなという印象は否めません。内容は正直に短所だと思う点を書いているのだと思います。ビジネスでは誰しもが一度や二度、失敗経験がありますから、失敗することについては気になりません。問題なのは、「一人で突っ走って、まわりに迷惑をかけてしまうこともあります」という部分です。この部分は、より説明的に記述していくか、もしくは、まわりに迷惑をかけてしまったことから何を学び、そうならないように、どのように気をつけているかを最後の一文に入れておくだけで、印象が随分と変わってきます。たとえば、次のように書いてみるのです。

短所：向こうみずなところです。何でもやってみたい、知りたいと手をだし、頭より体が先を行くので、失敗することもあります。一人で突っ走って、まわりに迷惑をかけてしまうこともあります。サークル活動での懇親会の出欠をアプリを導入すれば管理できると信じ込んだ私は、幹部メンバーに相談しただけで導入しました。結果的に利用しないメンバーもいて、幹事を困らせてしまったことで、事前に相談することの大切さを痛感しました。（一九八字）

このように書き換えることで短所のイメージも随分と変わってくることがわかるでしょう。短所のエピソードも読み手の視点で表現します。社会人になって、自社の商品やサービスをクライアントに提案する際にも、こうした相手目線や相手の立場にたって考えることが求められます。

人事が気にとめる長所と短所

長所と短所を述べてくださいというと、誰もが自分の内側に目をむけてまとめます。ゼミ生の奥山莉佐さんは、人事側に響くように長所と短所をまとめています。この視点を持っていると、書き方がかわってきます。

長所：私は幼いころから転勤が多かったこともあり、明るく人見知りをしないタフな性格です。カフェで長く働くことを通して、相手のことをよく考えることが癖になりました。グループワークをしていても、場の雰囲気を読んで、なごませたり、明るく盛り上げたり、ムードメーカー的な役割を果たせるように心がけます。御社の社員の方にも「君がいるとディスカッションが盛り上がる」と言っていただきました。まわりの人にも影響しちゃうくらいポジティブなのが私の長所です。

引っ越しが多かったという個人的なエピソードを交えながらも、生活環境を変えた引っ越しをポジティブに捉《とら》え、引っ越しを通じて人見知りをしない明るくかつタフに育った点を長所にまとめています。カフェでのお客さんとのコミュニケーションを通じて、顧客のことを考える習慣が身についている点やグループワークやチームプレイを円滑に行えるポジティブマインドの持ち主であることも人事の目に留まるでしょう。

さりげなく、「御社の社員の方にも」というエピソードを交えて、選考前に社員とコミュニケーションをとっていることもうかがわせています。奥山さんがこのエピソードを人事受けを狙って書いているわけではなくて、素直な気持ちで書いていることが伝わる点も高評価なのです。

あなたが採用側だとしたら、この奥山さんに会ってみたいと思うのではないでしょうか？　続けて短所も見てみましょう。

短所：明確に意見を述べすぎることが短所です。私は常日頃から論理的な思考をもとに的確な判断をしていくことを心がけているので、自分の意見をはっきり伝えます。ですが、大切なのはチームワークです。チームメンバーの意見に耳を傾け、アイディアをうまく引き出しながら、集団での最高のパフォーマンスが発揮できるようにしていきます。チームのインタラクティブなディスカッションを引き出す指揮者的な役割を担っていけるように、この弱みを強みへとかえていきます。

読んでみていかがでしょうか？　短所になっていない、とツッコめた人はしっかりと文章を読めています。

奥山さんのこの短所の記述は、巧みです。その内容についても「やりすぎてしまう」ことが自分の短所であるので、それを自覚して、チームメンバーの意見にしっかりと耳を傾けることや、インタラクティブにディスカッションを進めていくコンダクターとして弱みを強みに変えていけるようにしたいと表現しています。

弱みを強みに変えるというのは、人事の心をつかむ可能性が高い表現です。このように、相手に届けるという視点を持って書いたものと、自分の視点だけを書いたものとでは、言葉の届き方が全然違うのです。

ちなみに、奥山さんのＥＳは九割以上の確率で選考を突破しました。

質問の意図を考え、それにあわせる

ここで、冒頭の質問を思い出してください。「あなたはどんな人ですか？」です。この質問と「自己ＰＲをしてください」という設問は同じことを聞いているのでしょうか？

私は違うものだと捉えています。それは、二つの質問を書き手であるあなたと読み手である人事との関係から考えるとわかります。「あなたはどんな人ですか？」という設問は、あなた寄りの視点でまとめても問題ありません。それに対して、「自己ＰＲをしてください」という設問は、あなた寄りの視点でなく、読み手の視点に立ち、関心にとまる内容をまとめていくことがポイントになります。

大手旅行会社のESの設問に「一〇〇〇字以内で自己PRしてください」というものがありました。実際に書いてみるとわかるのですが、一〇〇〇字という字数になると構成を考えて書かない限りうまくは書けません。

この設問であれば、冒頭にどんな人物であるかをまず触れるのが無難です。その内容をPRエピソードを交えながら説明していくとストーリーがまとまりやすいです。この選考を無事に通過して旅行会社で働いている元ゼミ生の岡田祐夏さんのESをみてみましょう。

お客様に幸せを提供できる「旅行」というサービスを提供・販売していく中で、お客様との信頼関係を築いていくことにやりがいを見出せる人材になりたいと思っています。旅行の相談・提案をするだけでなく、旅行を終えた後も繋《つな》がりをもっていけるような信頼関係をたくさんのお客様と築いていきます。この目的を達成するために、私は次の三点をPRしたいと思います。

第一に、接客経験を通じてコミュニケーション能力を向上させてきました。私は、一日に八〇〇人以上のお客様が来店するカフェでアルバイトをしています。この接客経験を通じて、「人が好きだ」ということに気づき、人と顔を合わせてコミュニケーションをとりながら仕事をしていくことに、やりがいも喜びも感じました。「いらっしゃいませ」が「おかえりなさい」に聞こえるようなアットホームな接客を目指し、明日のお客様をもっと笑顔にするために自分には何ができるのか、日々私らしい接客を追求しながら働いています。今では常連のお客様に声をかけていただくこともあり、お客様とのコミュニケーションを楽しんでいます。

第二に、達成目標に向けて取り組んでいく計画性と実行力です。私は高校時代、部員四〇名ほどの女子バドミントン部に所属し、部長を務めました。向上心と負けず嫌い精神に溢《あふ》れた仲間との練習に私は没頭していました。引退試合で県の強豪校と対戦することが決まった時、皆動揺を隠せませんでした。しかし、最後まで諦《あきら》めず悔いの残らない試合にしようと確認し合い、最後まで前を向き、チャレンジする姿勢を崩すことはありませんでした。それからの毎日は練習に没頭する日々で、体育館の閉館時間を過ぎるまで練習をしていて先生に怒られてしまったこともありました。結果として試合には負けてしまいましたが、予想を遥かに越える白熱した試合を展開できたことに達成感で感無量になりました。部活で得た仲間は一生の仲間、最高の親友たちであり、チームで一つの目標を共有して努力すること、その向こうにある達成感を味わう快感を知った貴重な経験です。ここで培った経験が、ポジティブ志向で目標に向かって挑戦し続ける私の原動力となっています。

第三に、グローバルな市場を見据えた市場分析ができることです。国際比較社会学を専門とするゼミに所属し、毎週二〇ページほどの英文を輪読し、社会動態分析能力を向上させています。英語がそれほど得意ではありませんでしたので、何倍も時間をかけて頑張ってきたおかげで、いまでは英文で国際情勢などを分析できるようになりました。個人研究としては、東京の都市観光について分析しています。観光立国を推進する日本の政策、観光資源・観光形態の変化、都市観光の定義を分析しながら、実際に東京を例にした都市観光の研究を進めています。

高校での部活動と大学でのアルバイトとゼミの三つのエピソードを交えながら、挑戦していく姿勢をＰＲできています。とくに、「その向こうにある達成感を味わう快感を知った貴重な経験です。ここで培った経験が、ポジティブ志向で目標に向かって挑戦し続ける私の原動力となっています」という表現はいいですね。事例ごとに異なる力がついている点もよいと思います。

企業は社会の変化に応じて、社員も組織も挑戦を続けていかなければなりません。挑戦を軸に自己をＰＲしていくと、人事にも届きやすい内容になります。

その半面で、就活生の誰もが書きそうなテーマでもあるので、他の就活生との違いも意識しておきたいですね。この自分をＰＲしてくださいという設問に近いものとして、「自慢できることは何ですか？」などがあります。

文章力をあげるには

「家でのあなた」「学校でのあなた」「それ以外でのあなた」の様子がよくわかるように三〇〇字以内で自己紹介をしてください――これは某テレビ局で出された設問です。実際に、ゼミ生が書いたものをみてみましょう。

「家」では一人勝手に自由な感じを楽しんでいます。謎の行動をしてそう、面白そう、とよく言われます。一人の時間は淋《さび》しい時間ではなく、自己を見つめ対話する大切な時間です。価値観が変われば気持ちが楽になり、楽しくなると思うんです。

「学校」では超真面目。授業はセンター一番前。自分の目標の為に、大学は真剣に学ぶ場として大切にしてきました。その結果が自信となり今の自分を形成していると思うんです。

「それ以外」ではバンドのボーカル、気象予報士試験学科合格、書道……等アクティブ。それぞれに学外の友達がいて、価値観も広がります。とにかく人が、出会いが好き。だからこそ人を大切にしたいと思うんです。

内容に入る前に気になるのが、「と思うんです」という文末表現です。文末表現一つをみるだけでも、ESへの準備の甘さや基本的な表現能力に疑問符が付きます。こうした文章を無自覚に書き、それをそのまま提出できることに、人事側はあなたに不安を覚えるはずです。同僚として働くときに必要な書類作成や文章作成で問題を抱えそうだと勘繰《かんぐ》るはずです。これらの表現は削除して、文末表現を整えます。

次に、「『学校』では超真面目。授業はセンター一番前」や、「等アクティブ」という表現もESに書く文章としては不適切です。ESでまとめた文章は最低でも二、三回は読み直し、その都度、修正していきましょう。

内容についても問題がありますね。家と学校とそれ以外の様子を正直にまとめているのですが、何か薄っぺらい印象を与えてしまっています。

この設問の狙いは、あなたが自分のことをどれだけ客観的にとらえることができているかです。この三つの場面でのあなたの様子を描きながら、その先に、あなたらしさが浮かびあがってくるような構成が求められます。それぞれの場面でのあなたを、バラバラのキャラクターとしてまとめるだけでは、人事側には響かない内容となってしまいます。そのため、この答えでは薄っぺらく感じるのです。

「あなたはどんな人ですか?」という設問に答える際、内容は浮かんでも、文章でそれをうまく表現できないことで苦しむ学生も多く見てきました。大学までの教育では、先生から内容を聞いたり、文章を読んだり、必要な知識を覚えたり、というインプットに充てる時間で占められています。

それに比べて、大学や大学を卒業してからの社会では、プレゼンをしたり、文章をまとめたりとアウトプットが求められるようになります。それならば、このESの文章作成を通じて、アウトプット型の学びの姿勢を身に付けておくのがよいでしょう。

そのためには本の読み方を変えてみるのも、ひとつの手です。「本に書いてある内容を読もう」と思って読書をしている時と、「何かを書くためにその本を読む」と思って読み進めている時とは身になる知識がまったく異なります。そのため、書くことを意識して本を読んでみることをおすすめします。

他に、もっとわかりやすい事例で考えてみましょう。ゼミでもよく問いかけるのですが、「サッカーがうまくなりたいなら、何をしますか?」を考えてみてください。

実際にボールを蹴《け》り、チームメートとフォーメーションを確認しながら、その都度、試行錯誤を繰り返して技術を身体化していくことで上達していきます。当たり前ですが、サッカーをみているだけではうまくなりません。

それと同じで、文章は読んでいるだけでは、上達しません。何度も書いてみることが必要です。毎回の講義ノートや感想コメントも書く練習になります。期末のレポートも表現力を磨くいいトレーニングになります。ESでは的確な表現が求められるので、大学での学びはそのことを意識して、日頃から書く鍛錬を積み重ねていくようにしましょう。

企業が求める人材とは？

変化に柔軟に対応して、自己成長していける人材であるかどうかについて、人事担当者は目を凝らして採用に臨んでいます。伸びしろがあるのか、ないのか、この点をみています。

その代表的な質問が、あなたの成長経験を問う設問です。

「今までの経験の中で、一番自分が成長したと思う出来事とどんな点が成長できたかをお書きください。」（四〇〇字）

私は高校一年生のときにギターを始め、今でもバンドサークルに所属しバンドを組んでいます。私はサークル活動を通して、自分のできること・役割を見出し遂行することを学びました。

私のサークルは約八〇人在籍しています。人数が多いために意見が割れることも多々ありました。特に幹部の人と他のサークル員で溝ができてしまいがちでした。私はお互いの話を聞き、誤解が生じてしまっている部分を双方に伝え、溝を修復するように努めました。

八〇人もいると学年間の交流が薄くなりがちです。そのため、イベントや誰かの誕生日があるときには、みんなで祝ってあげたりするなどの計画・準備をして当日はサークルを盛り上げました。私はサークルの幹部ではありませんでしたが、だからこそ自由に動くことができました。そのため、幹部の人のサポートやサークルを盛り上げることをがんばってきました。(三七〇字)

サークル活動について書くにしても、書き方の工夫をしなければなりません。どのようなバンドであるのか。音楽のジャンルやモットーなど。もっと深いところを書けないか。これだと、バンド活動をしていない学生でもさらっと書けてしまいます。

企業の人事の視点を意識して、次のように書いてみるのはどうでしょう？

「私が所属していたバンドサークルは、一年生から四年生までの総勢八〇名からなります。八〇名からなる集団ですので、「組織」の原型を学ぶことができました。会社組織とは異なりますがサークル組織では、（というようにして、会社組織の一員になることへとつなげていく）組織の一員として、状況に応じた適切な判断力と同時に、他人の意見を尊重するアサーションスキル、それに、さまざまな企画のプランニングと実行力、これらに必要な忍耐力などを身につけることができました。」

はじめの文とはまったくちがってきませんか？　いずれにしても、「嘘」を書く必要はないと思いますが、もうすこし、インパクトのある内容を書いたほうが無難でしょう。あなたが新卒採用をする立場なら、どんな人材をとりたいのかを考えて書き上げることが重要ですね。

ガクチカ――学生時代に打ち込んだこと

大学は学問をするところです。**大学生であるあなたが何を学んでいるのかに人事担当者は興味を持っています。**専門領域について聞かれる場合もあれば、「あなたは何を目的・目標として、現在通っている大学へ入学しましたか？　それを実現するために取り組んだことを記入してください」といったように、学びの「なぜ」と「どのように」について深く聞かれるES設問も出ます。

「学生時代に最も打ち込んできたことは？」という類《たぐい》の質問も頻出します。これまでどんなことにあなたが挑戦してきたか、についても聞かれます。企業は「あなたがどんな人であるか」を知りたいのと同じくらい、「あなたが何をしてきたのか」にも関心があるのです。

大学三年生の川村さんが、「実は二社ほど五日間インターンのESを提出したのですが、どちらも落ちてしまいました。最も打ち込んできたことも明確に書くことができずに、あじけないESだったなと自分でも思います」と振り返ります。

学生時代に何もしていないわけではないけれども、最も打ち込んできたことを改めて問われると「いったい、自分は何に専念してきたのだろう」と悩むようです。

この設問について就活生の大半が、サークルかアルバイトの話でまとめる傾向にあるので、テーマは何でもよいと思いますが、他の就活生との違いは意識してまとめておきたいものです。

ゼミ三年生の東野沙良さんのESをみてみましょう。

私は麻布十番のカフェで大学一年生の時から現在に至るまでの三年間長期で働いています。このお店は年齢・経験を問わない完全実力主義なので、常に向上心を持って働くことができ、自分自身の成長を実感しています。今は、ホスピタリティリーダーとして「お客様にいかに満足してもらうか」「どうしたら常連客を獲得できるか」ということを先頭に立って考え、そういった面での教育も行っています。

このESに書かれた情報から、カフェで三年間という長期にわたり働き、ホスピタリティリーダーという職位をまかされて東野さんは成長してきたということはわかります。ただ、このESはどこかインパクトに欠けています。その決定的な理由は、一番肝心な点である最も打ち込んだという行動の深さ、言い換えるなら、コミットメントの程度についての言及がされていない点です。

とくに、「お客様にいかに満足してもらうか」「どうしたら常連客を獲得できるか」という二文は、より具体的に表現したいところです。

選考漏れするESの三パターン

ES作成で求められる簡潔でかつ的確にまとめる力は、社会に出てからも必要とされます。企画書を作成するときにも、端的な表現が求められます。

いきなり、「望ましい型」などできません。毎回の作業で、徐々に洗練させていくしかないのです。ESは書くたびに文章が練れてきますし、ESを友人や社会人の知人に読んでもらい、そのフィードバックをもとに改善を積み重ねることで、選考漏れしないESの型ができあがってきます。

選考に漏れるESは、「自分のことだけES」「思い出依存型ES」「書きなぐりES」の三パターンの傾向がみられます。

はじめてESを書くと、大半の学生が書くのは「自己のことだけES」です。自分のことを素直に書くのは悪いことではありません。ただ、読む人がいるという前提を忘れていると失敗します。「自己PR」というと、「あなたのことをアピールしてください」というように感じますが、「あなたのことを、**ジャッジする人にむけて、**アピールしてください」という意味なのです。

ESは「ただ、自分の思うままに自己表現する」内容では不十分です。自分の素養を企業側の関心やニーズに引き合わせて、プレゼンする必要があるのです。

次にみられるのが、**「思い出依存型ES」です。中学受験や高校時代の体験をESにまとめる学生がいます。**そのこと自体は悪いことではないのですが、あなたが人事であれば、「大学時代のことは、なぜ書かないの？ なにも経験していないの？」と不思議に思うのではないでしょうか。それでも、どうしても**高校時代の頃を記述する必要がある場合には、その視点を大学時代にいかに伸ばしたか、高校↓大学の成長過程を中心エ**

ピソードにすえて記述するようにしましょう。

ここでも人事の目線で、あなたの書いていることを捉えなおしてみることが大切になってきます。

そして気をつけるべきは、「書きなぐりES」です。説明会の会場で書く場合や、事前に手書きで作成する場合、とにかく、雑な字でESを書く学生がいます。デジタルでのやりとりがビジネスシーンの大半を占める状況の中で、手書きは以前にもまして、評価される大きな要素となっています。達筆な字でESをまとめていれば、人事の評価はあがります。大学教員は、記述方式のテストで字が汚いからといって減点することはしませんが、ビジネスシーンでは綺麗《きれい》な字の方が間違いなく重宝されます。

数百字のESを雑に書く人が、顧客に対して丁寧な仕事をできるわけがない、と思われても仕方ありません。このように、内容の前段階で選考漏れしていることもあるのです。

まとめます。選考漏れしないESとは人事担当者がどのような視点で読むのかを十分に想定した上で、自分なりの具体的なエピソードを交えながら、わかりやすい言葉で端的に表現されたものです。

締め切り直前に仕上げた推敲もされていないESと、計画的に推敲を重ね磨き上げられたESの差は、たった数百字の表現の中でも、明確なクオリティ格差となって浮かび上がるのです。

ESノートをつける

大学二年生の東野菜穂さんが講義のおわりに相談にきました。「ESって何を書いたらいいですか？　まだ、一度もみたことないので不安なんです」

みたことがないことからくる不安は解決できます。実際に、どんな設問が出されているのかをなるべく早い段階でみておくことです。先にあげた過去に出たESの設問リストをチェックしておきましょう。

そのタイミングとして、受験を乗り越えて、晴れて大学の合格を手にしてから入学までの期間をおすすめしたいです。

ESとは、あなたが就活を始めると、ほぼすべての企業で書かなければならない入社希望書のことです。書類選考の課題として位置づけられています。ESの設問に的確に答えられるように、就職活動が始まる前に自己分析を行っておくのがよしとされています。アルバイトの面接で提出する履歴書以上に、記入項目が多く、記入分量も多いです。

過去に課された設問を見ていくと、「あ、これぐらいのことが聞かれるのね。書けそうだ」と思う学生もいれば、「えっ、こんなことも書かないといけないの」と心配する学生もいます。

でも、みておくことで、対策はできます。そういえば、大学に入学するためには、良くも悪くも、過去問を何度も解きましたよね。高校や予備校の模試、あるいは過去問題集などを購入して、過去に出た問題の対策を積み重ねて合格をつかんだはず。ESも、一度も書いたことがなくて、土壇場で思いつくままに書くのでは、十分な表現はできません。

希望内定先へと就職していった卒業生は、その第一関門であるESの準備を計画的に行った人たちです。十分な準備もせずにESを締め切り時間ギリギリにしあげて、ネットから焦って送信している人たちは、思いのぞむ結果を手にしていません。

大学に合格したら、ＥＳ項目をみてみましょう。このような思い切った提案をする理由は二つあります。

一つは、ＥＳ項目を念頭に置いておくと、大学での学びはより計画的で充実したものになると考えるからです。二つ目の理由は、これまで就活生をみてきて、四年生になり就活が始まった時に、はじめてＥＳをみるようでは満足のいく内容を書けないということを経験的に私が学んできたからです。

ＥＳに記載された項目をみるとわかるように、大半は大学に入学した時期でも、書くことのできる内容ばかりです。ただし、大学に入学した時に書く内容では企業側が求める水準には達しないはず。

そのため、四年生になるまでの約三年間でこのＥＳに書くことのできる経験を蓄積するべくプランニングしていきましょう。

たとえば、テレビ局のＥＳでは、自己ＰＲになる写真を四枚添付することが通例となっています。この四枚はいろいろな場面での活動風景を捉えたものが望ましく、このことから考えても選考が始まる直前に、あわてて写真を揃《そろ》えているようでは、難関を突破することはできません。

企業側にとってESはどのような意味をもつのでしょうか。ESのいくつかの質問をみることで、応募学生の論理的思考力や基礎学力を判断することはできます。WEBでの事前エントリー形式の場合には、応募学生本人が書いたものであるかは定かではありません。

就活生はESの内容をコピーして複数企業に申し込むので、応募が殺到するなどの問題も生じています。就活生にとってESは、自分のスケジュールを確認して、ダブルブッキングにならない企業に何十社もだしておく、とりあえずのエントリー行為だともいえるからです。

そのため、エントリーは大量に発生します。企業によっては七万人から一〇万人という学生がエントリーをしてくるそうです。

人事担当者がそのすべてに目を通すのは容易ではありません。ESでのエントリーをやめて、すべての学生を説明会まで通すようにする企業もあります。説明会の会場でESを書かせる企業もあります。

適性検査とESを課している大手企業の大半は、実質的にESを足切りに使っているところもあるとのこと。

「学歴でNGとは言えない」ため、選考の結果として、ESでNGを出しているのでしょう。その点、ESは企業にとって使い勝手がいいのです。履歴書だけではわからない部分が、ESを通じてみえてきます。

ESで評価されたいのであれば、誰もが書くような均一化した内容より、自分らしい何か尖《とが》ったエピソードを交えながら、人事担当者という読み手の視点を考慮して、洗練させていきましょう。

過去に出たESの設問リスト

これまでみてきたように、ESで選考漏れしないようにするには、内容を精査し、文章をブラッシュアップしておく必要があります。それなりに時間をかけて、計画的にESを仕上げていくのです。

過去に出たESの質問を頭に入れておくと、日頃の大学での学びの中にも、ESで取り上げることのできる出来事が豊富に埋もれていることに気がつくのではないでしょうか?

ESでは、どの業界や職種でも同じような事柄を尋ねる基本的な設問がならびます。その設問は主に次の六つにまとめることができます。

「大学で頑張ったこと」、「これまでの人生の経験とこれからの夢やヴィジョン」、「志望動機と入社後のチャレンジ」、「生き方や働き方に透けてみえる基礎学力」、「目標達成能力とポテンシャル」、「事業をつくり出す力」です。これらをまずおさえておきましょう。

次にESの設問を掲載するので、時間をみつけて、気になる質問から答えを文章化しておきましょう。

複数企業で出題された設問は、業種名を書きいれていません。【出版】、【印刷】、【広告】というように業界名を付記した設問は、より専門的な分析がなされた答えが期待されているものです。

大学で頑張ったこと

- クラブ・サークル活動・特技・趣味など
- ゼミ・研究室など、学業の内容
- 大学生活におけるグループ活動（部活、サークル、ゼミ、アルバイトなど）でのあなたの役割・発揮した力とその時のエピソード
- あなたの学生生活を五字で表現してください。その理由もお書きください。（二〇〇字以内）

【テレビ局】

- 学生時代に一番力を入れたことを教えてください。
- 学生時代に頑張ったこと／チャレンジしたことを、具体的なエピソードを交えて説明してください。（1）タイトル三〇字以下。（2）（1）で回答したタイトルの具体的説明をしてください。
- 学生時代の成功談、もしくは失敗談を一つ挙げ、その経験から得たことを記入してください。（四〇〇字以内）
- あなたが所属する学科・専攻を選択した理由は何ですか？　またそこで得た知識を活かし、入社して何が出来ますか？（二〇〇字以内）

これまでの人生の経験とこれからの夢やヴィジョン

- これまでの人生で、感動したこと、誇れること、努力したこと

これまでの人生で悔しかったこと、失敗したこと

今、あなたが描いている夢（ヴィジョン）について

その夢を実現するために、具体的にどのようなことをしますか？　または、していますか？

その夢をいつまでに実現したいと思っていますか？（夢に日付を入れてください）

あなたの人生の三大ニュースを書いてください。

現在のあなたを形成している、人生の三大エピソード（体験）を挙げてください。

あなたがこれまで家族や友達に言わずにはいられなかった最高に面白いエピソードを教えてください。（二〇〇字以内）

人生のターニングポイントは？

五年後と一〇年後の自分を一行で述べてください。

小学生の時、〝はまった〟エンターテインメントは何ですか？

中学生の時、〝はまった〟エンターテインメントは何ですか？

高校生の時、〝はまった〟エンターテインメントは何ですか？

今、〝はまっている〟エンターテインメントは何ですか？

今まで頑張ったことランキング（一行）【ブライダル】

あなた自身のキーワードを七つの言葉で表してください。

あなたの「好きな物」や「好きな事」を一つ挙げ、その魅力を説明してください。（三〇〇字以内）

いまあなたが一番興味を持っていることについて教えてください。対象は時事・趣味等何でも構いません。（二〇〇字以内）

「感動・限界点・アナログ・普遍的・夢」の五つのキーワードを使って、あなたの考えを三〇〇〜四〇〇字程度にまとめてください。

最近、感動したエピソードについてご記入ください。（二〇〇字以内）

座右の銘は何ですか？　その理由も書いてください。（二〇〇字以内）

今、関心のあることを三つ、理由とともに挙げてください。（三〇〇字以内）

今の心情を川柳で表現してください。

あなたは一言で言うとどんなひとですか？　その理由について三つキーワードを挙げ、それぞれ一〇〇字以内であなたの経験を交えながら具体的に説明してください。

アイディアと実現力で、課題をあなた自身が、解決したエピソードを具体的に教えてください。

「みんなは〇〇と言っているけど、本当は私は〇〇だと思っている」を穴埋めして、あなたの主張を教えてください。

三〇歳のあなたはどのようになっていますか？　仕事面について一言で表してください。（二〇字以内）　プライベート面について一言で表してください。（二〇字以内）　実現するために、どのような取組みや努力をされるか具体的に記述してください。（二〇〇字以内）

あなたが変身するなら、どんなヒーローですか？　ヒーローの名前を考えてください。また、どんな場面でどう活躍するか、今までの経験等を踏まえて具体的に説明してください。

志望動機と入社後のチャレンジ

志望する理由を教えてください。

具体的にやってみたい仕事とその理由を書いてください。

あなたの就職選びの優先条件とその理由を教えてください。

入社後、実現したいことを教えてください。

入社後、チャレンジしたいことを教えてください。

あなたは仕事をするうえで、何を一番大切に考え、仕事をしたいと思いますか。

就職活動をする中で、あなたご自身が働くことについて、よく考えられていると思います。来年の四月以降、あなたが働かれるにあたり、一番大事にしたいと思っていることはどのようなことですか。（一八〇字以内）　このことを大事にしたいと思っているのは、なぜですか。具体的な経験を含めてお書き下さい。（二四〇字以内）

現在興味をもっている業界や職種があれば具体的に記述してください。その理由も具体的にご

記入ください。（一八〇字以内）

あなたがこれまでで最も感銘を受けた作品は何ですか（番組、映画、芸術作品などでも構わない）

あなたのユニーク（唯一無二）な点についてお聞きします。これまでの人生の中で、自分自身が良い意味で変われたことを思い出してください。どのような出来事でしたか？（一八〇字以内）その出来事によって、何が、どのように変わったのでしょうか。それが、社会人になるあなたにとって、どのような意味を持つと思っていらっしゃいますか？（二四〇字以内）

「誇り」について自由記述（四〇〇字以内）

「挑戦」について自由記述（四〇〇字以内）

生き方や働き方に透けてみえる基礎学力

あなたにとって最近一番の関心事は何ですか。項目のみお書きください。（二五字以内）

あなたのご意見を自由に記述してください。（二五〇字以内）

あなたが大切にしている言葉やあなたを支えている言葉、または、あなたを変えた言葉を教えてください。（具体的なエピソードやその理由も添えて、あなた自身の言葉をお書きください。）

あなたらしさを最も表すオリジナルの四字熟語を考え、自己アピールをしてください。なお、アピールにあたっては、必ず自身の長所と短所に触れてください。

あなたの人生に影響を与えた本三冊と著者名、その本を人に紹介する推薦文をお書きください。【出版】

注目する二人とインタビューで彼らに聞いてみたいことをお書きください。

あなたの「語学力」「デジタル力」「体力」の三つの力を一〇点満点で自己採点し、その理由を教えてください。

指定図書の感想文（一〇〇〇字以内）と全体を通じた感想（一〇〇〇字以内）に加えて、「共感できるコンセプトを一つ選び、それを選んだ理由を、自分自身の経験を通じたエピソードを交えて、ご記入ください。（一〇〇〇字以内）

目標達成能力とポテンシャル

あなたがこれまで課題や目標に対して取り組んだ経験を一つあげ、①なぜそれを「課題（目標）」と捉えたか、②解決（達成）のために自分で考えた取り組み、③取り組みの結果とその結果を生んだポイント、達成できなかった場合どのようにすれば達成できたか、をなるべく具体的に説明してください。（三二〇字以内）

あなたが大学または高校での学生生活を通じて、最も挫《ざ》折《せつ》や苦労をした経験についてお伺いします。以下の条件に従ってことの背景やそれを乗り越えたエピソードを聞かせてください。

あなたはこの先どのような人に成長したいですか？　それに向けて現在取り組んでいる、これから取り組んでみたいことは何ですか？

あなたは自分をどのように変えていきたいですか？　良いところと改善したいところを踏まえて書いてください。

事業をつくり出す力

世界の子どもたちにお菓子をもっと食べてもらうには、どうしたら良いと思いますか。あなたの考えを述べてください。（四〇〇字以内）【製菓】

印象に残っているＴＶ、新聞、雑誌、ポスター等の広告物とその理由を教えてください。（二〇〇字以内）【広告代理店】

なぜ広告なのか。広告はどうかわっていくのか。【広告代理店】

あなたがテレビ局でやりたいことは何ですか？　それに関してあなたが持っているアイディアを思いつくままに挙げてください。（三〇〇字以内）【テレビ局】

旅行業界の将来についてどう思われますか。（二〇〇字以内）【旅行】

あなたの手元に自由に使うことの出来る三〇〇〇万があるとしたらあなたはどのように使いますか。【広告代理店】

今の生活者の特徴的な行動を踏まえた上で、世の中に新しい「流行《はや》り」を生み出すプランを書いてください。【広告代理店】

テレビの今後について、あなたはどう思いますか？　自由に書いてください。（二〇〇字以内）【テレビ局】

とある〝草食男子〟を主人公にしたサクセスストーリーを考えてください。〈条件〉〝草食男子〟は、「三つの道具」を使って成功する。（三〇〇字以内）【テレビ局】

希望する職種ジャンル（例：バラエティ、ドラマ、報道、ドキュメンタリー、イベント）は何。そのジャンルを選んだ理由は何ですか。ジャンルで実現したいことを具体的にお書きください。【テレビ局】

日本の個人が保有する金融資産（預金、債券、株式等）は一四〇〇兆円に上るといわれていますが、その大部分は五〇歳以上の世帯が保有していると見当されています。個人消費が冷え込んでいる現在、この個人金融資産を三年以内にできるだけ多く消費に回してもらうためには、「どんな人に」「どんなこと」を伝えることが効果的だと考えますか？　その案が効果的だと思われる理由、および期待される効果も含めて文章でご記入ください。なお、税金や社会保障などの法制度や金融政策は変えないものとします。（一四行以内）【新聞】

第三章　一番役に立つインターンの活かし方

自分の未来を語れるか

「私は出版社希望です。今はまだ漠然としていますが、編集は面白そうだと感じています。編集以外でどのような仕事があるのかはわからないので、できれば在学中に出版社でインターンをしたいと思っています。アルバイトでライターとして記事を書いているので、その経験を活かしていきたいです」

と、中越智子さんがトップバッターとして話し始めました。

ここでみていくのは、私が担当しているキャリア体験という体験型科目の中で、「将来どんな職業に就きたいのか？　どんな企業に勤めたいか？」について四人一組で話し合うフリーディスカッションのやりとりの一部です

中越さんの発言を横で聞いていた富山慶介君が質問を投げます。

「出版業界ってこれからどうなのかな？　デジタルに移行して紙媒体の生き残りって大変そうだよね」

「たしかに、デジタルに移行する場合は紙にこだわる読者にどうやって売り出すのかなど問題が多い業界だと感じています。今まで読者として見てきた分、陰から支える側になりたい、出版に関わって、自分の収入で生活できるような自立した大人になりたいと思っています」と中越さんは淀《よど》むことなくすらすらと今後のヴィジョンを語っていきます。

次に丸岡和寿君が自身の将来構想について語りだしました。

「俺は、サントリーに行きたいと思っています。今、ＯＢ・ＯＧや知人の社会人の人にお願いして、サントリーで働く人に会ってもらえるように動いています。電通、トヨタ、サントリー、リクルート、フジテレビなど大手企業は必ずエントリーします。大手企業で得たいことは社会の動きと厳しさです。三年間でいろんな経験を積み、情報を集めていきます。大手企業の成長過程を学んで、ビジネスの知識を習得していきます。それからその先に何がしたいのかを考えます。転職や起業という選択も持つのかもしれません」

中越さんはライターとしての経験を活かして出版業界に就職を希望し、丸岡君は企業名をあげながら、とにかく大手企業に勤めるのだと宣言します。

このやりとりを黙って聞いていた清水理恵さんが次のように口を開きました。

「希望就職先はまだまったく決まっていません。このまま大学生活を送ると、就職活動をして、いわゆる普通のOL、コピー、お茶くみ、制服を着てずっと座って仕事をすることになるのかなと思っています。今はそれが嫌です。何か自分だからこその強みをいかして社会の役に立てるような仕事がしたいと思っていますし、自分で自分の成長を感じられるような仕事をしたい。でも、どんな業界や職種で働くのかは、具体的にはまったくイメージできないです」

続けて市山由利さんは次のように述べました。

「大学で何を学ぶか、どんな職業に就きたいか、決められないままに大学に入学したので、なりたい職種も未定です。今興味ある職業は、鉄道会社、旅行代理店、ホテルなどの観光系の職業です。これまで短期アルバイトの経験しかないので、働くということへの意識が薄く、このままではいけないと感じています。働くとは何かを考えながら、社会人としての責任感も身につけていきたいです。真面目な性格だと思っているので、その長所をいかせる職業に就きたいと思います」

清水さんや市山さんは、中越さんや丸岡君のような就職先のイメージを持てていないことを吐露しています。清水さんや市山さんのように感じる学生が大多数を占めています。

希望就職先をイメージして、大学に入学してくる学生は一割もいません。なりたい職業や働き方のイメージを思い浮かべながら、大学生活を積み重ね、職種や業界の明確なヴィジョンを描くことが必要になります。

そのときに、①これまでのあなたの歩みの中で形成された価値観、②アルバイトでの経験、③親、友人、ゼミの教員などからのアドバイスをもとに絞り込んでいるようです。ですが、ここにもう一つ、**あなた自身が企業で働いたプレ体験**があれば、職種や業種を絞り込むのに大きな判断材料となります。大学生でありながら、働くプレ経験を積んでいく。これができるのがインターンです。

インターンについて調べる

インターンについて調べることは難しくありません。インターネット検索で「インターン」と入力すれば、就活準備や就活情報関連のサイトを見つけることができます。

それでは、大手の検索サイトを使って、実際にインターン先を探してみることにします。そのサイトには、インターン関連で三四一二件が該当しました。そこからインターンの種類を選択します。①インターンシップ、②インターンバイト、③ワンデーインターン仕事研究、というように分かれています。

一日で終わる体験型のワンデーインターンから、一週間から数週間に及ぶ中期インターン、有償での長期インターンまで様々な種類があります。

一度もインターン経験がなければ、ワンデーインターンを探してみるのがいいですね。実際にこのサイトでワンデーインターンを選択すると、三四一二件の中から、二四二二件が該当しました。それでもまだ候補が二四〇〇件以上もあるので、途方に暮れますよね。

ここで、検索をやめてしまわずに、選択できる項目を埋めましょう。インターン先の地域を選択しましょう。たとえば、関東（茨城・栃木・群馬・埼玉・千葉・東京・神奈川）を選択すると一五三四件該当し、四国（徳島・香川・愛媛・高知）を選択すれば、四七件該当します。ちなみに、該当件数が一番少なかった地域が四国でしたが、それでも四七件該当するので、その先へと進んでいきましょう。

ここでは関東を選択してみることにします。次に選択可能なのが、特色の部分です。大学での専攻と関連させて、①文系歓迎、②理系歓迎のどちらかを選択します。文系歓迎を選択すると、八四四件該当しました。理系歓迎は一〇五一件でした。

次は、報酬についてです。報酬と交通費は、あなた自身の大学生活の現状から選択してください。ワンデーインターンで交通費支給ありを選択すると、該当件数は一四三件になり、報酬ありを選択すると、七件まで絞ることができます。

七件まで絞れたら、どのような企業が実施しているのか一つ一つ見ていくことも苦ではありませんよね。

該当したのは、教育、情報サービス、不動産、アミューズメントパーク、印刷・パッケージ、フードサービス、商社、の七つの業種のインターンでした。

「業種が絞れないので、どのインターン先にしたらいいかわかりません」と嘆いているのであれば、まずは検索をすすめ、入力できる項目を選定し、候補として該当したインターン先から選択しましょう。これは一見すると消極的な選択のように感じられるかもしれませんが、業種選択の手前で踏みとどまってしまうよりは大きな前進です。

それでは印刷・パッケージのインターンの詳細をみてみることにしましょう。そこには、「ITエンジニア・営業・デザイン各種現場で活躍する先輩社員との対談会、若手社員や仲間とのグループワークを通して、印刷とITとの融合について実感できる職種別職務体験型プログラムです」と書かれています。

インターンや就活関連の案内や告知文をみていて、いつも感心するのですが、内容がわかりやすい表現で明記されています。

このインターンに参加すれば、①社員と直接話ができて、②グループワークを通じて〈印刷とIT〉との関係について職種別職務別に経験することができると記されています。職種や職務で迷う学生がたくさんいますが、職種や職務は最初は誰もわからないと割り切りましょう。インターンに参加して、職種や職務の中身を理解すればいいのです。

本採用のエントリーのときに、職種や職務のイメージがわかないと、就職してからのミスマッチにもつながりかねません。インターンを経験する意味はここにもあります。

詳細をみていくと、このインターンに参加すると身に付く能力についても記載されています。

①現状を分析し目的や課題を明らかにする解決力
②課題に対し論理的にアプローチする思考力
③新しいアイディアや価値を生み出す発想力

現状を分析し、課題に論理的にアプローチし、問題解決や提言をする思考法を学んでおくことは、いかなるビジネスシーンでも役に立ちます。

あとは、開催日時を確認して、参加可能であれば、エントリーしてみましょう。エントリーの際に、ＥＳを課している企業が多いのですが、その内容は本採用のときに課せられるESと変わらないので、前倒しして準備する機会にもなります。

今見てきたのは、ワンデーインターンでしたが、中期や長期のインターンで検索してみると、関東では三四件が該当しました。それらの中から、興味があるところにエントリーしていきましょう。検索から絞り込みを行いエントリーする場合、選ばれる企業は同じで、その企業へのエントリーが集中することも気に留めておきましょう。

働く一歩を踏み出す

こうして絞り込みを行ったら、あとは一歩を踏み出すかどうかです。

「興味がわくインターンの募集記事を見ても、なかなかエントリーができないです。自分が働くイメージがまだぼんやりとしていますし、まだ、先のことなのかなと思うと行動に移せません。将来就きたい職業がないのも、インターンに踏み出せないのも自分が悪いのですけど、時間だけがあっという間に過ぎていきます」

このように悩んでいても先には進めません。本採用ではないのでとりあえずエントリーしてみる。**この「とりあえず」という気持ちが、あなたが知らない世界への扉をあけ**

てくれるのです。

本採用の選考プロセスと同じく、ＥＳの記入を課している企業があります。たとえば、「今回のインターンシップへの志望理由をお書きください。（四〇〇字）」という設問です。

今回のインターンシップ参加を志望する理由は、実際の仕事を自分で見て、体験してみたいからです。今、就職活動を行う上で、様々な企業や職種や業界について調べたり、社員の方にお話を聞いてみると自分の知らなかったことがたくさんでてきました。そのため、私がこれから出ていく社会のリアルを自分自身で感じてみたいのです。私は今回のインターンシップで以下の三つについての答えを探したいと思っています。①仕事をどういう心構えで行うのか？　②自分の仕事をする上で何を大切にしているか？　③この二つを踏まえた上での仕事のやりがいとは？　仕事を行う上でやりがいがあることは必須であると思います。仕事をして、会社と共に自分がいかに成長できるか。実際に仕事をしている方を見て、何かひとつでも多く学べればと思い今回志望

いたしました。（三五〇字）

このどこの企業にも送ることのできる一般的な内容のESでは不採用となることが多いです。大切なのは、エントリーする企業を調べることです。インターンの位置づけを理解した上で、何を学びたいのかを書かなければなりません。「やりがい」ではなく、「どのようなスキル」を身に付けるかを書くことで人事担当者の目に留まります。ESでは、「心構え」や「大切なこと」といった抽象度の高いことを書くのではなく、もっと実務的なことを書くべきです。

一日で働き方は学べない

さきほども述べたように、気軽に参加できるのは、ワンデーインターンです。中期や長期でのインターンに参加するのが億劫《おっくう》であれば、ワンデーインターンに出向いてみましょう。**ただし、一日で働き方を学ぶことはできません。**

ワンデーインターンの主な内容は、企業説明を聞いたり、数時間で実施できるグループワークです。実際に、ワンデーインターンに参加した学生の感想としてあがるのが、①働く人の生の声を聞けた、②働くことに興味を抱いた、という声です。

ワンデーインターンは、働くことへの最初の一歩として割り切って捉《とら》えておくのがいいでしょう。

それでは、ワンデーインターンでは学べなくて、中期や長期のインターンでは学べるものはどういったものでしょうか。

携帯電話の契約プランと通信会社の変更を進めていくインターンを経験した、石山志保さんは、「大学にいるときは、見ず知らずの人に話しかけることなんてしない私にとって、自ら話しかけて契約の変更へと話を進めていく営業の繰り返しで、最初は心が折れそうになった」と振り返ります。

しかし、「この経験を繰り返していくと、自ら話しかけることが苦にならなくなった」と言います。

石山さんは続けて、こう言いました。「大学の講義は、黙っていても進んでいくけど、インターンはそうはいきません。自分で動いていかなければならないのです。何か一歩を踏み出せたような気がしています」

講義中、自ら挙手をして発言をすることや、他の受講生に話しかけてディスカッションを盛り上げることが苦手だった石山さんは、インターンを経て、グループワークのまとめ役をかってでたり、積極的に発言をするようになりました。インターン経験とは不思議なもので、見違えるくらい成長したのが、はっきりとわかるようになります。

インターン参加による二つの変化

インターン経験を積むことで、実際に仕事を覚えていくという以前に、二つの大きな変化が訪れます。一つは、**大学から職場への環境の変化**です。環境が異なれば、人々の行動様式は異なります。

もう一つは、**大学の友人から職場の同僚へのネットワークの変化**です。居心地の良い仲間との時間も大切ですが、世代やバックグラウンドの違う社会人の先輩や他大学のインターン生と時間を共有しコミュニケーションをとっていく中で、様々な気づきがあります。

ほかには、インターンによってどのような変化が望めるでしょうか？　東野圭太君の振り返りを参考にしてみましょう。

インターンを通じて成長したのは次の三点です。一つ目は、グループワークをうまく運営することの難しさを知り、克服しました。インターン生は個性が強い人だらけでした。その個性をうまく生かし、自分もその中で甘えたり埋没してしまったりしないように自分の役割を探し、それに没頭することができました。

二つ目は、論理的思考が少し強くなったことです。夏のインターンシップでは、ついアイディアベースで考えてしまい、先走ってしまうことがあったのですがその反省を活かして、秋のインターンシップでは落ち着いて論理的に考えられるようになりました。

三つ目は、時間管理能力がついたことです。今までの私は普段から時間にルーズだったりしました。インターンシップでは短い時間の中で課題をこなさなくてはならなかったので、「何時までにここまで終わらせる」というようにしっかり目標設定をし、時間を意識して行動できるようになりました。

東野君は、①グループワークの大切さ、②論理的思考の大切さ、③時間管理能力の大切さを学んだそうです。

ここで一度考えてみたいのですが、この三つは、大学では学び得ないものでしょうか？　大学で大切にされていないことでしょうか？

答えは否ですね。この三つはどれも大学でも大切にされていることです。アクティブラーニング系の講義では、グループワークをする機会があります。その一回一回を真剣に取り組んでいくことで、大学での学びを働く現場へつなげていくことができます。論理的思考能力は、大学での学びで最も大切にされていることでもあります。

最後に、時間管理能力は大学生であろうが、社会人であろうが、当たり前のものとして求められています。大学では時間にルーズになりがちで、遅刻をしたり提出物の締め切りを破ったりすることもあるでしょうが、インターン先ではそれらは許されません。

ネガティブな経験をどう受けとめるか

インターンに参加して、働くことに関してネガティブな印象を抱く学生もいます。二年生のときに五日間のインターンに参加した浦坂璃子さんは、「インターンを通して、毎日何百件も電話をかけて、そのあと何十件と飛び込み営業をしてそれを続けました。メンタルがやられました。社員の方からの何のフォローもないので、就職についてプラスのイメージが今は持てなくなっています」と振り返ります。

この浦坂さんのケースは、まれなケースです。最近のインターンシップは、企業側がプログラムとその効果をじっくりと練ったものが多いです。ただ、社員からのフィードバックもなしに、ひたすらテレアポと飛び込み営業をこなさせる企業もあるというのは事実です。企業側もインターン生を受け入れることの意味を、インターン生の身で考えることは必要ですね。浦坂さんが、この企業を本採用で受けることはないわけですから。

夏休み明け、二年生の佐野理紗さんが「A社のインターンに行ったのですが、すごくつまらなかったです。働く自信をなくしました」と相談してきました。詳しく聞いていくと、つまらなかった理由は、下記の二点だと話してくれました。

①個人作業が延々と続き、社員の方とのコミュニケーションをとる機会がほとんどなかった

②実際にこの作業が自分にとって何の役に立つのかがわからない

これを聞いた私は、「この気づきは、何よりの成長源になるよ」と声をかけました。というのも、「インターンとして社員の方々とコミュニケーションをとりながら働く」ということと、「インターンは自分の役に立つ」という二つの前提が打ち砕かれた経験だったからです。

その理由をそれぞれみていきましょう。まずは、働くイメージとのギャップです。講義でも明るく発言する佐野さんは、インターンとして働くことは社員の方とコミュニケーションをとりながら進めていくものだというイメージを抱いていたのですね。ところが実際はそのイメージとはまったく違っていたので、つまらなく感じたのです。

ここで考えるのは、個人作業の「内容」に関して、どう感じたかです。①誰にでもできるような作業だからつまらなく感じたのか、②作業の「内容」がそもそも合わなかったのか。理由は色々あると思います。

この仕事へのイメージと実際の仕事の内容とのミスマッチを経験できたことは、このインターンに参加した大きな意義です。実際のA社の仕事は面白いのかもしれませんが、インターンの内容からはそれは伝わってきませんでした。残念ながら、A社のインターン内容を変える力は、大学生にはありません。

だとするなら、自分の関心に合ったインターンを見つけ出していくことが大切なのです。個人作業自体は必要なことかもしれませんが、自分には向いていないかもしれない。さまざまなインターンを実施する企業があるので、社名だけに惑わされず、自分がやってみたいと思える企業のインターンを探すのがよいでしょう。

社会人になるための練習機会

次に、インターンが自分に役に立つのかがわからなかったので、つまらなく感じてしまったケースについても考えてみましょう。この点で悩んでいる学生がたくさんいます。

これは、働くことを近視眼的にとらえてしまっていることの反動です。大学はたったの四年ですが、働くことは四〇年続きます。その働く模擬体験としてのインターンで、自分に役に立つかどうかを決めつけない、という心構えは必要です。

インターンは社会人になるための練習の機会です。 実施する企業の人たちはそのことをよくわかっています。学生のあなたに期待していますが、未熟な部分を持ち合わせていることも知っています。今、活躍する社会人の先輩だって、ダメダメだった学生の時代はあったはずです。だから、失敗してもいい。あなたには戻ってくる大学があります。仲間がいます。

インターンは良くも悪くもすべてが大学生から社会人になっていく過程の貴重な経験になります。厳しい口調の担当上司からビシバシと無理難題を押し付けられ、悔しくて泣いている学生を私は知っています。佐野さんのように、社員とコミュニケーションもなく作業をまかされ放置される学生も少なくありません。しかしどれも、働く現場での得難い学びです。

まずは、インターンをきっかけに、大学の外へと踏み出している自分を認めてあげてください。大学の授業は簡単には休めない。アルバイトも掛け持ちするなかで、インターンをはじめて、「忙しい」が口癖になってしまう。押しつぶされそうになる。でも、その忙しさはこれから働く四〇年を走り出していくための足腰になります。

私が学生なら、自分にとって一番ためにならないであろうインターンを探し、その企業にアプライしていきます。なぜなら、なぜ役に立たないのか、を考えるのもひとつの経験ですし、その先に「ためにならない」「つまらない」と決めつけてしまった、自分の思考の「癖」に気がつくことができるからです。

インターンは、今の自分を確認する場所ではありません。**この先のあなたがどこまでできるのか、その力試しをする練習機会なのです。**何が向いているのか、どこまでできるのか、何もかもがわからないから、インターンなのです。

やりっぱなしにしない

インターンの捉え方はこれまでみてきたとおりです。それでは、次にインターンの活かし方に迫っていきます。捉え方と活かし方は、違います。捉え方とは、物事をどうみるかという「認識」に関わります。一方で、活かし方というのは、インターンを実際に経験して、どのようにその先へとつなげていくのかという「実践」に関わります。

インターンを活かせていますか？　インターンに参加した学生は、二つのタイプに分かれます。一つは、インターンを作業としてこなす学生です。まるで大規模教室で大学の講義を受けている延長であるかのように、「言われたことをただそのままこなす」タイプです。

もう一つは、インターンを自己成長の場として活かすタイプです。何か自分に身になることはないか、知らない事柄に出会うとすぐに調べたり、質問したりするような学生です。

当然のことながら、インターンを活かす学生が理想です。でも多くの人は「それはなかなか難しいよ」と感じるのではないでしょうか？

私はこのところ、こなすから活かすへ変わっていく学生のカギは何か？と考えていました。インターンにひきつけて考えると、「インターンを作業としてこなす」のではなく、「インターンを成長の場として活かせる」ようになるのは、何がきっかけなのか。

この糸口を探るために、東京大学（当時）の中原淳先生、法政大学の酒井理《おさむ》先生、株式会社サイバーエージェント取締役人事本部長の曽山哲人さんをお招きして、「インターンの活かし方」というシンポジウムを二〇一七年一〇月一三日に開催しました。

このシンポジウムでの報告とディスカッションを通じて、重要なポイントが浮かび上がってきました。それはインターンを活かす鍵を握っているのが、「インターン経験の言語化」だということです。では、どのようにして、インターン経験を言語化していけばよいのでしょうか。

大学三年生のときに、一年弱、ＩＴベンチャー企業でインターンをしてきた梶山一樹君は、本採用の面接時に「インターンを通して何を学びましたか？　どんな成長がありましたか？」と聞かれ、「まったく答えることができなかった」と苦い経験を振り返ります。

一〇カ月近く、週二回インターンを続けながら、何も答えることができなかったのはなぜでしょうか？　それは梶山君が、**インターン経験を客観的に言語化できていないか**

らなのです。「やりっぱなし」になってしまっているからです。

こうした事態を避けるには、**経験を言語化し内省していく必要があります。**インターンに参加するだけで学べると考えるのではなくて、インターンに参加し、その経験の振り返りを行い、それを自らの言葉に置き換えていく内省の過程で多くの気づきが生まれるのです。

経験を言語化していくときの手助けとなるのが、インターン先の社員の方からのフィードバックです。社員はインターン生の動きをよくみています。インターンが始まったら、フィードバックをもらえるように社員の方との信頼関係を構築していきましょう。「何をしたらいいですか」という丸投げ質問をするのではなく、提案型で「このようにしていきたいと思います。いかがですか?」と問い、業務が落ち着き、社員のタイミングが良さそうなときを見計らって、「このように考えて仕事に向き合ったのですけど、いかがでしたか」とフィードバックを求めるのもいいと思います。そしてフィードバックの内容についても理解していくように心がけていきましょう。

フィードバックはダメ出しではない

次に、社員の方からもらったフィードバックで自身の働き方を改善していくことが大切になります。フィードバックは、ダメ出しではありません。気がついていなかったり、誤解をしている部分を見直すことは、あなたの成長を促す栄養源なのです。

このフィードバックをノートに記録していきましょう。フィードバックの内容とそれに対する気づきと改善点を書き加えていきましょう。形式もデバイスも自由です。スマホのメモでも構いません。

ワンデーインターンのグループワークでの振り返りでも同じです。社会人ゲストを招《しょう》聘《へい》した大学の講義やゼミでのグループワークの振り返りも貴重なフィードバックとなります。在学中に、複数社の社員の方からフィードバックをもらえる機会をつくっていきましょう。

それらを記録したフィードバック・ノートは、あなたのキャリアをドライブしていくカギとなります。

先程とりあげたシンポジウムでは、「インターンに熱心に打ち込むようになる学生は、大学での学びを軽視するようになる」というデータを酒井先生から提示されました。この熱心すぎるインターンは、それはそれで問題です。

フィードバック・ノートに記録しながら、日頃からインターン経験を言語化していくこと。自身の経験を客観的に捉え、足りない部分を改善していく。これがインターンの活かし方です。

インターンから内定まで

ゼミ生の片山綾乃さんから内定したと連絡が入りました。本人が第一希望とするＩＴ大手企業から内定を得ることができました。なぜ、片山さんは本人が望む企業から内定を得ることができたのでしょうか？

片山さんは、入学してきた前期に、私が担当しているライフキャリア論を受講していました。三〇〇名近くが受講する大規模教室で、毎回、前から四列目に座り、真面目に受講していました。講義の終わりに回収するリアクションペーパーは、常に丁寧に書かれていました。

その片山さんが一年生の一二月に「将来、何をしたいか、何に向いているのか、わかりません。アドバイスいただけますか？」と相談にきました。

片山さんのように、講義を真面目に受けて、単位は順調に取得しているけれど、自分の将来がいっこうに思い描けない学生は、少なくありません。

「将来、何をしたいのかは、わからなくていいから、働く現場に飛び込んでみたらどうかな？」と片山さんにアドバイスをしました。その翌週に、インターンを募集しているベンチャー企業の面接を受けてみるようにすすめました。

「興味があるので、受けてみます」

今、振り返るとこの一歩を踏み出せたことが、片山さんの内定につながっていきます。

片山さんのように、「将来、何をしたらいいかわかりません」と相談してくる学生は毎年います。

「働く現場に飛び込んでみたら」というアドバイスをするのですが、その反応は三つに明確に分かれます。

「はい、やってみます」とすぐ行動に移す学生。
「ちょっと、考えてみます」といって返答を保留する学生。
「サークルや部活が忙しいので今はやめときます」と行動に移さない学生。

それぞれの意思なので、すべての返答を私は尊重します。でも、「ちょっと、考えてみます」と保留した学生が、その後連絡をくれて「やっぱり、挑戦してみたいです」と言ってきたことはありません。保留は、行動に移さないという判断を下すまでの時間にすぎないようです。

この保留と行動に移さないという選択をすると、「将来、何をしたらいいか、わからない」という悩みを抱えた状態から抜け出すことはできません。

「はい、やってみます」と答えた片山さんは何をすると思いますか？

面接を受ける企業が、何をしていてどんな企業なのか、スマホで調べ出しました。企業名を検索すると、企業のＨＰに辿《たど》り着きます。企業のＨＰに記載された、企業のヴィジョンや事業内容について調べて、インターンエントリーの準備を進めます。

インターンの選考に通過したら、企業の中で働くようになります。週に複数日、企業で働いていくと、ビジネスシーンの現場で、その都度有益なフィードバックをもらえます。そのフィードバックごとに改善し、成長につなげていくことができます。

大学生であり、社会人でもあるというような二足の草鞋《わらじ》を履くようになった片山さんは、その後の二年で見違えるほどの成長を遂げました。

片山さんは自己の変化を恐れずに、ビジネスシーンに適応していき、在学中に社会人としての所作を体得した、就活生の理想的なモデルでもありました。

その片山さんに内定の一報がはやばやと入った事実に、本人は驚いた顔一つみせませんでした。インターンを通じて社会人所作を習得した片山さんは、経験に基づいた自信を胸に本選考に挑み、確かな手ごたえとともに選考を終え、結果を待っていたからなのです。

第四章　しくじらない面接の受け方

鏡の前で「表情の身だしなみ」を整える

書類選考と能力選考を突破すると、グループ選考や面接選考に進みます。この対人選考に入る前に、ぜひ取り組んでほしいのが鏡の前での「表情の身だしなみ」チェックです。服装や髪型のチェックは日頃からしていると思います。実際に言葉を発する時にどのような表情をしているのか鏡の前で確認しましょう。

面接選考をなんなくクリアしていく学生と、面接選考で苦労する学生との決定的な差の一つにこの「表情の身だしなみ」があります。注意すべきは、目つきと口の開き方です。この二つを意識するだけで、印象は随分と変わります。

まず、目です。目つきで印象は変わります。「目つき悪いね」と言われたことがあるような人は、鏡の前で人事担当者に変なイメージを与えないような目つきをつくる練習をしてみましょう。

話をする際の口元の開き方も気をつけるべき点です。口がしっかりと開いておらず、聞こえづらい話し方をしていては、いい内容を話していたとしても残念な結果に終わってしまいます。

人事担当者は、「表情の身だしなみ」を細かくみています。なぜなら、表情というのは、大学を卒業して、入社したからといって急に変わるものではありませんし、入社後は社内の同僚やクライアント企業と対人コミュニケーションを通じて、仕事を進めていくことになるからです。企業に属するということは、あなたの表情一つが企業のイメージにもつながるのです。

「表情の身だしなみ」を整えるポイントは、同僚として一緒に働きたいなあと思える表情をしているかどうか、この一点に着目すれば間違いありません。どれだけ丁寧にＥＳを書いていたとしても、面接選考でポジティブな印象を与えない表情をしているようであれば、あなたの熱意は届きません。

服装や髪型と同じように、「表情の身だしなみ」も日頃から意識しておけば、確実に印象は良くなります。

心地良い声の大きさと会話のリズムを意識する

グループワークや面接選考で大切なのは、あなたの思いや考えを声に出して届けることです。声が小さくて何を言っているのかわからなかったり、だらだらと自分の考えを述べたりしないように気をつけましょう。

選考が行われている会場の広さ、人事担当者までの距離、あなたをとりまく空間的状況を考えない就活生は苦労します。この空間的状況にあわせて、声の大きさも調整します。

就活の準備をしっかりしてきて、ESや書類は通過するのに、面接がどうにも通過しなかったゼミ生がいました。悩んでいたので、本番に近い形で、模擬面接を行いました。すると、とにかく、声が大きいのです。本人は、大きな声で話すことが、熱意を伝えることだと勘違いしていました。模擬面接官役は、私と二人のゼミ生で行いました。あまりに大きな声で、正直、不快に感じました。他の二人も同じ印象でした。

彼は、声の大きさを意識するようにして、人事担当者にとって心地の良い声の大きさや会話のリズムを考えることで、その後の面接はすんなりと通過していきました。

人事担当者が話している途中で、会話の尻をとって、まくしたてるように話す就活生も評価が低くなります。会話の間が空き、沈黙が続くのも不自然です。

細かな点ですが、「なぜ、通過しないの?」という問いを突き詰めていくことで、思わぬ落とし穴にハマっていることに気がつきます。特に、**個人面接は、閉じられた空間での生きたコミュニケーションなので、人事担当者にとって心地良い声の大きさや会話のリズム、この点を考えていくことでブレークスルーします。**

あなたのＳＮＳはみられている

表情は練習で改善できますが、ＳＮＳでの振る舞いは履歴として残るため、簡単に変えることはできません。こういったことを述べるのは、人事担当者は面接を受けるあなたのＳＮＳをみているからです。

インスタグラムではあなたが大切なものや日常の暮らしぶりを知ることができます。

twitterでは、価値観や物事の捉《とら》え方、関心のあるトピックを知ることができます。

グループディスカッションや面接で人事担当者に気に入られようとふるまっても、SNSでの日常的なふるまいに疑問符がつけば、不採用になります。日常のありとあらゆるところにインターネットが入り込み、インターネット化した社会でのセルフメディアであるSNSの存在意義が日々増しています。

架空アカウントや鍵アカウントで、友達以外には知られないようにSNSを利用しているから、何を書いても大丈夫だと思っているなら、考え直すべきです。友達が軽い気持ちで、あなたの発言をスクリーンショットして保存し、あなたの知らない誰かにそれを転送したとします。SNSの拡散力はパワフルでスピードが速いことはご存知でしょう。

人事担当者がいつどこであなたのSNSを発見し、みるかわかりません。**SNSにはみられてもいい内容以外投稿するべきではないのです。**これは、なにも難しいことではなく、**日頃のコミュニケーションとSNSでのコミュニケーションを分けなければよいだけです。**たとえば、面接を受けに行ったときに、人事担当者に向かって悪口を発しますか？　そのようなことはしないと思います。にもかかわらず、面接後の帰路に、面接担当者の悪口をＳＮＳに書き込むのは、ＳＮＳの間違った使用法です。

このように伝えると、ＳＮＳアカウントをすべて削除するという対策を講じる就活生もいますが、これは極端な対応です。

ＳＮＳのポジティブな側面とネガティブな側面をしっかりと理解した上で、日頃から使いこなす練習をしておきましょう。内定をとるためにＳＮＳを使うという小さなヴィジョンを掲げるのではなくて、ＳＮＳをとおして、あなたの生き方や考え方を磨き、それを発信していく。その積み重ねをとおして、人事担当者があなたのＳＮＳをみたときに、面接という限られた時間では伝わりきらないあなたの魅力を知ることになるのです。

企業においてはＳＮＳは無視できないメディアのため、それを的確に使いこなしているのであれば、プラス評価につながります。ＳＮＳ運用やＳＮＳマーケティングセンスがある社員を自社で雇用したいと企業は考えています。そうした点からみても、多数の企業のＥＳで、ＴＯＥＩＣスコアや他の資格を書き込む項目があるように、ＳＮＳアカウントをＥＳに任意で記入させる企業や、面接時にＳＮＳについて質問をなげかける企業は、今後一層増えていくものと予想されます。

それでは、企業説明会、グループワーク、面接の中身へと順を追ってみていきましょう。

グループディスカッションで気をつけること

「企業説明会は大学の講義とは違う。説明会に来て、集中力を欠いていたり、寝ている学生は必ずチェックする」と話すように人事担当者は、説明会に参加している就活生の様子を観察しています。説明会の様子を動画で記録している企業もあります。

説明会を担当している人事は、一〇〇名から二〇〇名までの参加者なら、学生の様子を確認できるようです。その際に態度が悪い学生がいたら名前を確認するそうです。

説明会の後に行われるグループワークで真面目に取り組んでいたとしても、説明会での態度が悪ければ、すでにマイナスに評価されているのです。

経験を重ねた人事は、「この学生は集中力がない」とか、「自社の文化にあわない」ということを感覚的にわかるようになるそうです。

「採用は未来への投資なので、説明会の会場で書類を提出する何気ない行動のときに、学生の表情などの機微を慎重にみている」のです。

グループワークで人事が重視しているのは、「誰を不採用にするか」の判断を間違えないことです。就活生はグループワークの中で自らの主体性をアピールするのに対して、人事は「主体性のある学生よりも、グループワークに参加できていないのはどの学生なのか」をみています。

企業文化には馴染まないであろう学生を優先的に不採用にすることを判断しているのです。グループワークですべての学生の特性を把握するのは難しく、「話の聞き方がおかしい、コミュニケーション能力が著しく低い、グループワークに対する態度がおかしい」といった学生を確実に不採用にしていくのが、グループワークを担当する人事の役目なのです。

企業規模や選抜方法によっても異なりますが、あるメーカーの選考では、六人のグループワークであれば、平均二、三人を不採用にするといいます。グループで二〇分のディスカッションをして、その後プレゼンの時間を設けます。発表内容については人事からフィードバックも行われます。**この人事担当者がフィードバックをしたときの学生の様子や顔つきもみられています。**

　グループワークで大切なことは、「自分の強みや特性を理解して、その集団の中で最適な役割を果たす」ことです。リーダーシップをとることが得意でもないのに、グループワークだからといって力を入れてしまうと、そのメッキはすぐに剝《は》がれてしまいます。自分を偽って演じても意味はありません。

「タイムキーパーでも構わない。議論の内容に応じて、即興的にコメントを出すのが苦手なら、ディスカッションの最後に、まとめのコメントを用意するのもいい。自分の役割を認識し、それがその集団に理解され、浸透していれば問題ない」とＩＴ企業で人事を担当する岡田さんが話してくれました。

　また**グループワークでの自己紹介と面接のときの自己紹介は、違うものだと考えておきましょう。**グループワークで求められているのは、自分の役割をはっきりと述べることです。たとえば、「自分は即興的に議論をつくっていくよりは、議論の流れを整理するのが得意なので、ディスカッションの最後にまとめる時間をください。よろしくお願いします」と、グループのメンバーに自分の役割を認識してもらうようにします。

そのように役割を伝えないで、名前だけの自己紹介をして、議論を黙ってみていると最後の方に発言をしたときに、「今まで議論に参加してなかったのに、なんでいきなり意見してくるんだよ」という雰囲気になってしまうことがあるので注意しましょう。

グループワークはどんな感じで進むのか

人事はグループ内での同調行動をみているわけではありません。自分だけ意見を重ねて、目立とうとする学生がいるとします。そのときに、そうした学生も含めてうまくディスカッションを展開できるかどうかがポイントになります。グループワークでまったく発言をしない学生は、不採用になる確率があがります。議論を傍観していて、自分は関係ないという態度では、仕事を一緒にやっていくことはできないからです。

グループワークの内容は、「三〇年後の日本はどうなるか」という社会変化を洞察する内容や、「お祭りでどんな屋台を出したら人が集まるのか」といった具体的なシーンを思考させるテーマが提示されます。なかには、「異性にモテるためには、どうすべきか」というテーマもあります。

グループワークでは、社会課題と企業課題を分析して、新規事業をつくる本格的なワークが行われることもあります。その場合には、企業の実態と市場の動向を説明して、その後はグループでディスカッションする流れになります。発表後には、人事からのフィードバックがあり、事業プランを練り上げていくこともあります。

インターネット上で、グループワークのテーマはすぐに共有されるので、様々な内容を用意していて、参加学生が事前にテーマを特定して対策できないようにしているといいます。

グループワークでは、制限時間とグループワーク後にディスカッション内容を発表することが伝えられます。その確認がおわると、すぐに開始です。

すると就活に慣れた学生がまず主導権を握ります。「自己紹介をしよう」とか「時間配分はどうしようか」と段取りを始めます。

ただし、人事担当者は「○○大学の誰々です。よろしくお願いします」という形式的な自己紹介に時間を割くことを望んではいません。たとえば二〇分という限られた時間のなかで、最大限のアウトプットを出すために、自己紹介の時間の使い方から考えていく必要があるのです。

やるべきことが明確な学生がいると、「自己紹介していると時間がなくなるから、アイディア出していこう」とリードしていきます。グループワークでは、①自分の考えを明確かつ論理的に伝える、②話の内容、③プレゼンテーション能力、④人柄の良さ、⑤まわりを気遣える、など様々な評価項目から総合的に判断されます。

人事にどこをみられているのか

グループディスカッションのやりとりでは、「的確な場面で、的確な発言ができているのか」がチェックされています。ここで的確というのは、正解という意味ではありません。答えのない問題を解くことがビジネスシーンではしばしば求められるので、答えではなくて、その場面に応じた判断ができるのかどうかが見られています。

それと同時に、「でしゃばりすぎない」「他の学生の発言を軽視しない」点も重要です。

グループでのこれまでの発言を受けて、「○○さんの意見は、〜に関する点と〜に関する点は、～の理由から同意できます。ただ、～については、第一に、……、第二に、……、という理由からやや私の考え方とは異なります。それらを踏まえて私の意見は、……」というように、意見をまとめながら、深掘りをしていくのがいいですね。

職場の同僚として一緒に働いていけるのか、顧客先を訪れた時に社会人として常識的な立ち居振る舞いができるかどうかが肝心です。常日頃から物事をネガティブに捉える傾向がある人は、注意が必要です。ネガティブな雰囲気は顔の表情や身振りで人事に伝わっているのです

グループワークで目に留まる学生について語ってくれた人事担当者の言葉も取り上げておきます。

「自分の意見を押し付けるのではなく、グループ全体で議論が活発化するように話題提供をしていき、その後、議論の広がりや深まりを客観的に確認していきながら、落とし所を見つけ出し、拡散させる。それを客観的に見ながら、落とし所をつかんで、議論のまとめも他のメンバーに振っていく。議論がまとまってきたら、そろそろ時間

がきていることと追加コメントを受けながら、コンセンサスをとる。このようにグループメンバーをうまくまとめていく学生にはビジネスのポテンシャルを感じる」

このような学生は、グループ内で発言しやすい雰囲気をつくるのにも長《た》けているし、発言に乗り遅れている他の学生の声もいかしていくように調整していくことができます。こうしたグループワークでの状況に応じたコミュニケーションは、大学のゼミで行われるグループワークの機会に練習を重ねておくようにしましょう。

面接は怖くない

企業があなたを採用するかどうかを見定めるために行う面接では、大学受験の際に行われる一〇分や一五分程度の面接とはまったく異なります。時間をかけてじっくりと、何回かにわたりあなたを評価していきます。

面接担当者は、あなたより年上で、社会経験があります。企業側の人材ニーズを的確に把握していて、複数年にわたって面接経験がある方ばかりです。しかし、面接担当者を怖がる必要はありません。

面接担当者は、「あなたと一緒に働いていけるか。この企業にあなたは向いているのかどうか」をみています。

「面接で緊張して何も言えませんでした」と振り返る就活生もいますが、それは面接に対する取り組み方が間違っている可能性があります。

面接選考は担当者も替えて、日時も替えて複数回にわたり行われます。そのなかで、無理やり「良い自分」を繕っても、人事担当者はその仮面を剥がしにかかります。

ですから、取り繕おうとせずに、自然体で臨みましょう。あなたらしさを緊張することなく表現すればいいのです。緊張しないようにするよりも、自然体のあなたを少しでも高めておくように考え方を変えましょう。

質問の意図を理解して、自分の考えを述べていく時に、言葉使いが乱れていたり、語彙が不足しているようでは、「一緒に働けない」と思われても仕方ありません。就活の**面接を思い通りに突破していく近道は、大学に入ってからの時間を最大限に有意義に使うことです。**これに尽きます。

個人面接の心構え

個人面接では、就活生の誰もが緊張します。この選考に突破したい、この企業で働きたい、落ちたくないという気持ちが入り交ざりながら、真剣に向き合っているから緊張しますよね。

慣れた面接官であれば、「そんなに緊張しなくても大丈夫ですよ。いつも通りのあなたをみせてください」といって、その緊張を和らげるような言葉がけをしてくれます。緊張がほぐれるように、時間をとってくれたり、雑談を交わしてくれる面接官もいます。

面接の流れは、大方決まっています。どんな経緯で大学に入り、大学で何を学んできたかにはじまり、あなたがこれまで取り組んできたことが聞かれます。そうした質問を投げかけることで、あなたの人柄を探《さぐ》っていきます。

これまでどんなことをやってきて、今、どんな仕事をしているのかを伝えてくれる人事担当者もいます。仕事内容を伝えられたら、興味を持ったことを質問するとやりとりがより自然なものとなっていきます。

人事は、「自分の部署に来たら、一緒に働きたいと思うかどうか」で判断しています。たとえば、自社製品のプレゼンを行う際に、決まりきった文言でプレゼンして、人の気持ちをつかむことができるでしょうか。

面接でも同じです。覚えてきたことを機械的に話すあなたは魅力的でもなんでもありません。面接の直前に、事前に面接対策のために作成してきた文面をスマホで確認しながら、必死に覚えようとする学生もいるようですが、そういったことはおすすめできません。

それよりも、**素のままのあなたをみてもらうことの方が、面接のために仮面をかぶったあなたをみせるより、大切なのです。**

ビジネスをしていく上で想定しうるシーンをロールプレイングすることもあります。圧迫面接を意図しているわけではないが、少し強い口調で質問をしてみたり、あえて、質問を繰り返すこともあるそうです。そうすることで、想定問答で面接を練習してきている学生の、ありのままのコミュニケーション能力を見定めることができるからです。

最終面接では、その企業がどこにむかっているのか、何を求めているのかを把握しておく必要があります。就活対策に重点をおいてトレーニングをしてきた学生でもここで落とされる可能性が高いです。

最終面接まで残ると受かったも同然と思いがちですが、落ちることがあります。余計なショックを受けないためにも、このことは認識しておいたほうがよいでしょう。内定を出すことは企業の重要な意思決定でもあるので、最終面接はよりシビアな判断が下されるわけです。

これまでの人生で何をやったか

個人面接では、「これまでの人生で誇れる成果は何ですか?」と聞かれます。この質問では、あなたが没頭したことだけを答えるだけでは不十分です。打ち込んだ結果、その成果を伝えなければなりません。

この質問では、頑張ったという主観的な判断よりも一歩先を聞かれているのです。頑張って、その結果どんなことを達成したのか、成果は何であるのかを明確に伝えていきます。成果は、誰もが納得しうる客観的な判断に基づくのがいいですね。

関連した質問として、学生時代に限らず、あなたの人生での経験について聞かれます。たとえば、「これまでの人生において、〝これだけは熱く語れる！〟ということをお聞かせください」、「あなたがこれまで一番打ち込んできたことは何ですか？　その中で最も大きかった困難とそれにどう対処したかについても教えてください」、「今まで自分が一番成長した出来事と、それを通じてあなたがどのように成長できたのかを教えてください」というような内容です。

あなたが一生懸命取り組んだことや、直面した困難にどう向き合い、それを乗り越えてきたかを具体的なエピソードに沿ってまとめておいてください。その内容を覚えておく必要はないのですが、頭の中にエピソードトークを整理しておくと面接でスムーズに話すことができます。

また、挑戦や困難に立ち向かった経験から、**「これまでの人生であなたが大切にしてきた「軸」は何か」と聞かれたときにも答えられるようにしておきましょう。**

どんな人生を思い描いているのか

個人面接では、「これからの人生をどう見据えているか」について聞かれることがあります。これまでの質問が、あなたの過去に着目した問いであったのに対して、これはあなたの未来に関する質問です。

たとえば、「あなたの将来の夢やヴィジョンを教えてください」あるいは、「将来どのような人になりたいですか？　それはなぜですか？」と聞かれてどのように答えますか？　ここでは、企業で働くことを、これからの人生のなかでどのように位置づけているのか、その先にどのような人生プランを描いているのかを伝えましょう。これは普段から意識して考えておかないと答えることは難しい問いです。しかし、就活をはじめるうえでは避けて通ることができない問題ですので、常に念頭に置いておくべきです。

ある航空会社の面接で「一〇年後の自分に向けて話しかけてください」という課題が出ました。ゼミ生の柴山睦美さんは次のように答えたそうです。

睦美、小さい頃からの夢だったキャビンアテンダントになって、元気に働いていますか？　世界中でたくさんの人と出会って、みんなを笑顔にするっていう目標も達成していますか？　辛いことや大変なことがあっても大丈夫だよね？　多少のことではへこたれないよね。図太いものね。私も今頑張ってるから！　いつまでも目標を高く持って、成長し続けてね。

人事担当者は、一〇年後のあなたに語りかける内容や様子から、あなたがどのような人生を設計しているのか、働き方についてどのように考えているか、あなたの人柄をうかがい知ることができるのです。自分への語りかけを通じて、日頃からあなたが何をどこまで真剣に考えているかを見定めているのです。

就活をきっかけに、今までの自分の人生を振り返り、常日頃から自分の今後の人生についてじっくり考えておくようにしましょう。

あなたが人事担当者になる日を思い浮かべながら

面接で安売りする必要はありません。あなたを面接する人事担当者がどんな服装や髪型をしているのか、面接する会場や広さはどれくらいか、面接の内容や時間はどうであったのか。選考を受けているあなたが、人事担当者をしっかりとみておくことも忘れないでください。

人事担当者が元気がなかったり、失礼な態度であれば、それが個人的な問題なのか、企業組織の問題なのかを判断しましょう。あなたからみて同じ企業で働く複数の人事担当者の印象が同様に悪いようであれば、その企業は何らかの問題を抱えていると思って間違いありません。面接後に、必要以上に個人的に連絡をとってきたり、個人面談を何度もセッティングする場合にも注意が必要です。

面接を経験していく中で、あなたが人事担当者をじっくりとみることができるようになったときには、内定を手にしていることでしょう。

というのも、その時のあなたは落ち着いて面接を受けることができていますし、人事担当者とコミュニケーションがしっかりととれるようになっているからです。

その先に、**あなたが人事担当者ならいかに振るまい、どのような質問を投げかけるのか、を考えるようにしてみてください。**いまは面接を受けているあなたが、人事担当者になるのはそう遠い日のことではありません。

面接も年々進化する

企業のヴィジョンにあったポテンシャルの高い人材を採用していくという面接の目的は変わらなくても、その方法は年々進化していきます。その一例が近年話題になっているＡＩによる面接です。ＡＩによる面接の場合には、人事担当者と面と向かって面接をするのではなくて、モニターやデバイスをみながら答えていくことになります。スマホの小さな画面を通じての面接も実施されるようになってきました。

その内容は記録されています。人事担当者がこれまで感覚的に判断していた部分がより精緻なデータとして抽出され、その情報をもとに採用が進んでいきます。今のところは、ＡＩは補足的なデータと位置づけられ、人事担当者との面接も並行して行われますが、ＡＩが新卒採用で果たす役割は今後さらに高まっていくことでしょう。

ＡＩ以外で私が注目しているのは、従来型の面接ではなく、よりリアルなビジネスシーンを想定した行動分析による選考です。面接という限られた空間の中でのある程度想定される形式的なやりとりではなく、クライアント先への営業同行を想定したロールプレイングの中でのあなたの一挙手一投足を細かく分析して、それをもとに選考をしていくというようなものです。

この選考は、大人数の就活生の選考には企業側の人的コストや時間と費用コストも膨大になるので、最終面接の直前の選考まで進んだ就活生に実施されるようになります。

通年採用の導入が意味すること

これまで就活のプロセスとその対策を一つ一つみてきました。これは、新卒一括採用のスケジュールをベースにしたものでした。新規学卒者を集中的に採用する一括採用により、企業側は入社後の企業内研修を効率的に行うことができるからです。近年、この新卒一括採用を見直す動きもみられるようになっています。それが通年採用です。新規学卒者を対象にした一括採用を見直し、通年採用に切り替える企業が増えてきています。しかし、通年採用になると、研修期間を一年に何回もセッティングしていかなければならず、どうしても効率は悪くなります。

新卒一括採用は、新規学卒者にとっては、大学卒業から就業までの円滑な移行を支える仕組みでした。新規学卒者の失業率が、他の先進諸国と比べて低いのは、一括採用による移行が社会的に機能してきたからです。

知られているように、新規学卒者を対象にした一括採用は、①エントリー学生の集中と企業間格差、②複数企業から内定をもらう学生と内定をもらえない学生との差、③採用後の離職率の高さなど、いくつかの問題を露呈させてきました。

一括採用から通年採用へと切り替えることで、ひとまず、限定したエントリー応募期間での企業への異常な集中（①）は分散していくことが考えられます。

一括採用を継続する企業と、通年採用に切り替える企業とに、大きく分かれています。

この変更では、内定をもらえる学生とそうでない学生の格差の是正にはなりません。

通年採用に切り替えることで一括採用による離職率の高さを、改善していくことができるかという疑問を人事担当者にぶつけたところ、人事担当者は、「通年採用は、三年離職率の是正のしかけにはならない」と話していました。

新卒社員は、三年は修行だと言われていた時期もありました。社会変化の激しい、今の市場のスピード感では三年は待てないと語る人事もいます。一年目で先輩社員を越えるアウトプットを出す新卒社員も増えてきています。四月に入社して数カ月間の新入社員研修を受け、その後の半年でどこまで伸びるかが求められています。その一方、じっくり新入社員を育成していく企業もあります。

それでは、どちらの企業が良いのか、悪いのかで考えるのではなくて、自分は大学を卒業してどのようなスピード感で働いていくのかを考えて、そこにマッチングする企業にエントリーしていくことが大切なのです。

入社後の人材育成システムも考慮して就活することが望ましいのですが、古い慣習の企業と、ドラスティックに変化を続けるイノベーティブな企業のどちらにもエントリーしているのが学生の現状です。

就職してから数十年先のキャリアを思い浮かべることは難しいかもしれませんが、三

年後や五年後にどう働いていたいかを考えておきましょう。

時間をかけて社会人の作法を身に付けていきたいと思うなら、入社してすぐにアウトプットを求められるようなはやいスピード感の企業は受けないほうがよいでしょう。

古い慣習の企業に就職を希望するからといって、いつまでも受け身でいいということではありません。変化が激しい時代だからこそ、大学生のときから、近い将来の働き方を見据えて、必要な経験と専門的な学びを積み重ねていくようにしていきましょう。

内々定後に長々と二股しない

この章の最後に、内定を得てから迷うという困った事例について考えます。学生から次のような悩みを打ち明けられました。

「七社から内々定をもらっていて、どこの企業にいくべきなのか決心がつかないのです」

このような悩みは相談されても困ります。大学生と人事担当者は採用される側と採用する側でそれぞれの立場をリスペクトした関係性を構築していくのが望ましく、複数社の内々定をもらって、まだ就活を続けているのは、人事担当者への裏切り行為だといってもいいでしょう。即座に判断することはできないとしても、できるだけ短期間の間に決断をしてください。意思が固まり次第速やかに、お断りの連絡を入れるのが採用される側のマナーです。

採用予定者から断りが入れば、一人補塡しなければなりません。その連絡が遅くなるというのは、人事担当者にとっては迷惑な行為でしかないのです。

「どうやって断りの連絡をいれていいかわからないのです」と話す就活生もいますが、真摯な気持ちで伝えるべきです。むやみに判断を遅らせたり、曖昧ですまそうとするようでは、これから社会人になっていく姿勢としては間違っています。

第五章　就活を越える学び方

早めの準備で考える力をつける

「やりたいことは、まだ、みつかっていません」と大学一年生のときに自己紹介した学生が、二年生になっても「やりたいことは、まだ、みつかっていません」と自己紹介をします。一年間、大学の講義を受けて、アルバイト経験も積んで、それでも、将来、やりたいことやなりたい職業はみつからないようです。このまま二、三年生を過ごして、それが見つからないまま、就活を迎えることは避けなければなりません。

やりたいことを明確に定めることができなくても、せめて将来の方向性のイメージを膨らませていくことからはじめましょう。将来の方向性をある程度定めない限り、必要な情報はあなたの目の前を素通りしてしまいます。この将来の方向性を定めていくためには、二つのステップが必要になります。

第一に、高校までの詰め込み教育の頭の使い方をやめましょう。突き詰める問いは与えられるものではなくて、自分で探し出すものです。あなたの今後の人生は、詰め込み型学習からはみえてきません。人生には答えがあるわけでもないですし、あなたのライフステージで毎回誰かが、今、何をすべきかを教えてくれることはありません。どんなことに興味があって、何を追求していきたいのか。あなた自身が考え抜くのです。

考える癖がついてきたら、**第二に、卒業後に働くうえでどのような選択肢があるのか、を調べていきます。**早くからゼミに自主的に顔を出して、ゼミの先輩やＯＢ・ＯＧと話す機会を持つのも有効です。

卒業後にいずれかの企業で働くという場合には、業界や企業を調べて、より具体的な仕事のイメージを育てていきます。働き方のイメージだけでなく、実際に働いている人から話を聞いたりできれば、今のあなたにとって必要な知識や経験が明確にわかるようになります。

大学一年から二年までの二年間に、今後の人生は自分で決めていくという癖をつけていくのです。それらを可能にするには、どうしても時間がかかります。

そのために、大学での学びで何度も何度もその訓練をします。大学の学びは、社会での学びとは別だと考えている人もいますが、それは違います。大学での学びは社会に出てから必ず役に立ちます。

「これは私には必要ない」と取捨選択すると、その後のポテンシャルを狭めてしまうことにもなりかねないのでおすすめできません。

社会人と話す機会を増やす

就活の各選考プロセスで臨機応変に求められる社会人コミュニケーションスキルは、一夜漬け的な対処や詰め込みでは身に付きません。就活は短期決戦ではなく、数カ月から半年近くにまで及びます。その間、心と身体のコンディションを整えておくことも求められます。

ピークパフォーマンスを定めて中長期にわたり戦い抜く就活生は、まるでアスリートが大会に向けてパフォーマンスを仕上げていくように、複眼的な目を養い、客観的な分析力を磨きながら、マネジメントしていくのに似ています。

大学は社会の荒波からあなたを隔離して四年間という時間を与えてくれます。ただ、その四年間大学の温室の中に身を置いていると、社会に出る前につまずいてしまいます。

昨今、よく耳にするオープンイノベーションという言葉は、就活においてもヒントになります。人間の行動は環境に大きく左右されます。社会人であっても、同じ場所に身を置いて、同じ仲間と長年働き続けていると、新しい発想であったり事業を興すことは難しくなります。そのため、企業に身を置きながら、外へと足を運び、新たなネットワークを外でつくり、イノベーションを生み出しています。あるいは、企業の外部の人材を呼び込むような場づくりをして、創発的な発想が生まれる環境づくりをしているのです。

これを就活に置き換えると、自ら外に出るか、外の人に大学に来てもらうか、です。自ら積極的に足を動かし外へ出ていくことや、大学のなかで社会人から話を聞く機会があれば、参加することで働き方に関する新しい発想が生まれます。

社会人は誰かに出会った際、名刺交換をします。学生であっても社会人と出会った際に、名刺交換できるように大学の生協で自分の名刺を作成しましょう。インターンに行くようになると、インターン先の企業が名刺を作成してくれます。名刺がもらえないようであれば、受入担当者に相談してみましょう。

そうすると、大学の名刺とインターン先の二枚の名刺を相手と交換することができます。それは、大学生でありながら、一歩を踏み出して、社会で働くトレーニングを積んでいるというメッセージにもなります。働くことに貪欲に向きあう後輩を悪く思う社会人はいません。社会人は次世代を担うあなたを応援してくれます。

伝え方の練習を重ねておく

「大学の学びは就活につながりますか?」という質問を受けることがあります。私は大学での学びとは、高校までの基礎的な知識習得を土台としながら、様々な社会変化を洞察したり、対応したりするための「知の応用力」を磨くことだと考えています。一つの専門性を深め、体系的に身に付けていくと、他の領域にも応用が効いてきます。

私は社会学を専門としていますが、社会の仕組みを理解するのに歴史学や地理学の文献を読むようにしています。問いを深めるためには哲学や宗教学関連の書籍も手に取るようにします。

人びとの生活を理解しようとすれば、経済学や経営学、次世代で活躍する人材について考えるなら教育学が必要になってきます。地域のことを分析するには、工学や農学が助けとなります。突き詰めたい問いがあるときに、私の場合であれば、社会学を「知の幹」にしながら、他領域の専門知識を吸収していくのです。


専門性を深めることは、必ずしも一つの学問領域にとどまることを意味するわけではありません。


さて、学問と就活について考えてみましょう。その学問の特性から就活に直接、活用しやすい学問と、就活とは直接関係がないように感じる学問があります。

日頃からマーケティングや事業開発について学ぶ経営学や商学の分野は、学んだ知識や経験を就活にも反映しやすいです。人事担当者の方たちも、働きながら日頃から経営学や商学の知識が掲載されたビジネス書籍を読んでいることもあり、共通の言語で会話ができます。

それに対して、私が専門とする社会学を事例に就活との関係を考えてみることにしましょう。二年生の後期からゼミが始まり、毎週、社会動向の変化に関する英文文献を輪読していき、その作業と並行して、個人研究を深めていきます。

この個人研究のテーマは自由です。どんなトピックでも構いません。ただし、「実際にその現場へと出向いて自分の目でみるフィールドワークや、当事者の人たちにインタビュー」をする経験的な調査（質的調査）をしてもらうようにしています。

ゼミ生の中村有希さんがテーマにしたのは、「母子家庭にみる貧困の連鎖」でした。生活保護で育った子供の四人に一人が大人になり生活保護を受けているという貧困の悪循環を問題視し、経済的な困窮状態に陥りやすい母子家庭を対象に、研究を進めていきました。問題の着眼点や問いの立て方が明確で、社会的関心も高い研究テーマです。

ここからが大事なのですが、この研究テーマや社会的関心が、そのまま就活で活かせるかというと、そのためには工夫が必要です。そのことに気がついている就活生は、順調に選考が進んでいきます。気がついてない就活生が苦労します。

この差は何だと思いますか？　それは「**専門的に考えてきた事柄を就活の言語に翻訳することができるかどうか**」です。よりわかりやすく言うと、**大学で専門的に学んでい**

る内容を、人事担当者に関心を持ってもらえるように伝えられるかどうかということなのです。

先の中村さんの事例でいうと、就活で大切なのは「母子家庭にみる貧困の連鎖」から明らかになった結論を伝えることではなくて、この問いをかかげてどのようにアプローチしたのか、考察から結論を導く思考を、社会に出てどのような場面で応用可能であるのかを人事担当者に伝えていくことです。

これは、社会に出て働くときに求められるコミュニケーションにもつながります。話している相手が聞きたい内容を的確な表現で端的に伝えることと、自分の考えていることをそのまま口に出すことでは、コミュニケーションの質がまったく異なるのです。

さて、最初の「大学の学びは就活につながりますか?」という質問に戻りましょう。その返答は、それはあなた次第であるということになります。「大学の学びを就活につなげる」ことこそが大切なのです。

ディスカッション力を鍛える

グループワークなどに必要なディスカッションの力をつけるために、私が以前に参加していた米国の名門・カリフォルニア大学バークレー校の講義の様子をとりあげてみたいと思います。「さあ、始めようか」と教授が言うと、それから約七〇分、途切れることなくディスカッションが続いていきます。二十数名の学生が次から次へと挙手をし、前の人の発言に対しての感想やコメントを述べてから、自分の見解を簡潔に示していきます。教授はその間、真剣なまなざしでそのやりとりを見ています。

議論が深まりをみせたころ、それまでのやりとりを黙って聞いていた教授が口を開きます。教授は議論がどのように展開されたのかを見事にまとめていきます。その上で議論のポイントと課題論文のポイントとの重なりやズレを示していきます。

一〇分程度で教授のディスカッションのサマリーが終わりました。これで終わりかと思うとそうではないのです。このまとめの内容についても学生から質問が続きます。こうして一二〇分があっという間に過ぎていきます。

学生たちは安易に教授に正解を求めようとはしません。自分たちで議論を深めていくのです。カリフォルニア大学バークレー校で、この講義にはじめて参加したときに、私は頭をガツンと殴られたような衝撃を受けました。

私のこの衝撃体験を下敷きにして、「バークレー校の演習がなぜ、白熱するのか」を分析してみたいと思います。その前提として確認しておきたいのが、このような学生主体のディスカッションで進んでいく演習はバークレー校に限らず、アメリカの大学のスタンダードといえます。どこにでもあるゼミの一シーンにすぎません。

バークレー校の白熱ゼミの教室環境や受講人数、教材となる課題論文、これらは一切特別なものではありません。ハイテクな教育学習ツールを使っているわけでもありません。それでは何が違うのでしょうか？

一つ目は、課題論文の読み方の違いです。私のゼミでも、ゼミ生たちは事前に課題論文を決めて、それを読んでから出席します。その際に、課題論文を読むことが目的となってしまっていたり、読んだらそれで達成と思っているように感じることがあります。それに対して、「コメントをするために課題論文を読む」というのがバークレー流です。

課題論文や著作に対して、自分の意見を述べる、毎回コメントをするという姿勢で準備していくと、読みの深さが変わってきます。私も講義での初回の苦い経験を繰り返さないために、二週目以降は、講義の前までにコメントシートを用意して、毎回発言するように心がけました。

「日本の学生は発言をしないが、海外の大学ではディスカッションが盛んだ」というのは、よく耳にする「大学あるある」です。その原因のひとつは、事前にコメントをする準備が習慣化されているのか、それとも、読むことだけが習慣化されているのかにあるのだと思います。

二つ目は、ディスカッション経験数の違いです。事前にコメントを用意すれば、ひとまず、毎回何かしら発言できるようになります。「出席しているのだからコメントするのは当然だよね」というような空気を感じ、私も毎回発言するようにしました。

ただ、あるときから、前の人の発言を受けて、的確にコメントを付け加えることの難しさを痛感するようになりました。それもそのはず、他の人のコメントは事前にはわからないからです。七〇分のフリーディスカッションのなかで、まるでサッカーのパスワークのように、コメントがダイナミックに繋《つな》がっていきます。沈黙の時間もなく、流れるようにディスカッションが展開されていくのは、ディスカッションの経験数が明らかに違うからです。

いまでは日本の高校でもアクティブラーニング形式での学習機会が増え、少人数グループでディスカッションを重ねることもあります。大学でもディスカッションの機会は増えてきてはいますが、それでも絶対数がまだまだ圧倒的に足りません。講義中の大半の時間は、聞く時間だからです。

前の人の発言を受けてディスカッションを深めていく方法は、それほど難しいわけではありません。ここで、とっかかりのコツを伝えておきます。

発言した人のコメントや意見について、賛成なのか、反対なのか、自分の立場を明確にしてから、その理由を述べていくようにしましょう。ポイントは、賛成と反対の意味合いをコメントの中にいれていくと発言がしやすくなります。大賛成であればその理由を、やや反対であれば、その理由を、というように前置きをすると、立ち位置が明確になり、誤解も減ります。議論もシャープになります。

このフリーディスカッションの経験を徹底的に増やしていきます。そのことを各人が意識し、全員で取り組んでいけば、いつのまにか、教授による正解に頼らない、大学らしい学びの空間が生まれてくることでしょう。

バークレー校の白熱ゼミは、事前にコメントを用意した学生たちが真剣勝負でフリーにディスカッションをつくり上げていく、積み重ねによって生み出されている実践的な学びの空間だったのです。

そんな学びの空間は彼らの専売特許ではありません。コメントすることを目的にして課題論文を読み、試行錯誤を重ねながらディスカッションを多岐にわたるテーマで継続していく。そうすることでわれわれにだって、つくっていくことができるはずです。

誕生日サプライズで企画力を磨く

少し変わった視点から、就活に、そして社会に出てから必要な力を身に付ける方法をみていきましょう。

ゼミも終了時間に近づき、ディスカッションのまとめに入っていました。そのときのことです。教室が突然、真っ暗になりました。何ごとでしょうか？　すると、教室の後ろからロウソクに火を灯したケーキをそっと抱えたゼミ生が入ってきました。

その瞬間、バースデーソングの合唱が始まります。お祝いのクラッカーが鳴り響くこともあります。誕生日を迎えたゼミ生がロウソクの火を消すと、メンバーからのお祝いメッセージが手渡されます。海外に留学中のゼミ生からビデオメッセージが届くこともあるでしょう。

大学という空間に身を置いていると、このような和やかなサプライズ企画に遭遇することがあります。みなさんも誕生日サプライズはやったことありますよね？

実は、この誕生日サプライズを通して社会に出てからもみなさんの武器になる三つの力が身に付きます。

誕生日サプライズを行うときに欠かせないのが日程です。お祝いする友人の誕生日を間違えてはいけないですし、サプライズするタイミングや場所も考えますよね。日程と場所が決まれば、サプライズを決行するための段通りを決め、それを計画的にかつ段階的に準備をしていくことになります。

こうした過程で身に付くのが、①**秘密裏に準備をしていく計画的な実行力**です。サプライズは一人ではできません。日取りと段取りが決まれば、それを仲間と共有してもらいます。

それぞれにアイディアを出し合って、それを収斂《しゅうれん》させ、一つの企画にまとめあげていきます。このようにして、**②まわりを巻き込むチームワーク力**が身に付いていきます。

いちばん肝心なのは、どういうサプライズなら友達が喜んでくれるかを考えることです。誕生日を祝ってあげたいと思う大切な友人の立場にたって、どんなサプライズやプレゼントだと、相手が喜んでくれるのか、頭を悩ませますよね。

このときにみなさんは、相手の立場にたって、相手の喜び＝ニーズを探り出すために趣味や嗜好《しこう》、生活の分析を行うことになります。この準備の過程で身に付くのが、**③喜ぶコトやモノを見つけ出す相手に寄り添う洞察力**です。

実は、誕生日サプライズを通じて身に付くこの三つの力はみなさんが社会に出て働くようになると必要とされる、①計画的な実行力、②仲間と仕事をしていく調整力、③顧客や市場の分析力と重なる部分が多くあります。

付け加えておくとコストの面も考えますよね。友達が喜ぶからといって、何万円もするプレゼントを贈ったら、今度は友達もそのお返しを考えなくてはなりません。サプライズにコストをかけすぎては、友達を喜ばせるために、自分の首を絞めるというようなことにもなりかねません。自分たちの身の丈に合った金銭感覚の中で、相場を決め、そのなかで相手を喜ばせるベストな企画をつくりあげるのです。

この誕生日サプライズ企画と社会人の仕事の大きな違いが一点あります。それは、誕生日サプライズが「非日常のイベント」であるのに対して、仕事で求められるのは、「日常のルーティンワーク」であるということです。

言ってみれば、誕生日サプライズを行うときの「計画的な実行力」「チームワーク力」「相手の立場に寄り添う洞察力」を日頃から意識し続け、複数のプロジェクトを同時に行っているのが、社会人なのです。

毎日のように誕生日サプライズを企画するのは難しいので、この三つの力を日常にも適用させていきましょう。

たとえば、大学生にとって「日常のルーティンワーク」である講義に適用してみましょう。先日、二年生のクラスで企業研究のプレゼンを行ってもらいました。このプレゼンは次のように準備できるのではないでしょうか。

①プレゼンの日時とプレゼン時間から逆算して計画的に準備を進める。
②プレゼンを聞く他の学生にとって、「何がプラスとなるのか」を徹底的に考え抜いた構成にする。
③プレゼンを聞いているメンバーが前のめりになり、みんなで考えようと思うような、集団を巻き込む内容にしていく。

あなたの日常に三つの力を養う機会を埋め込むことで、まわりのみんなと楽しみながら成長していくことができるでしょう。

卒論で鍛える書く力

四年生の後半には、卒業に必要な講義単位をほぼ取得して、ゼミ活動と卒業論文の執筆が主な学びの機会になります。

この時期は、就活のプレッシャーから解放されて、ほんとうにやりたいことや学びたいことに向き合うことができます。就活を通して、社会に出てからの働き方のイメージを持つことができているので、それと学びをつなげることもよりイメージしやすくなります。

この四年生の後半には、これまでの二十数年間の学びの集大成をまとめていくことになります。それが卒業論文です。

毎年一〇月になると、私のゼミに所属する四年生が急に焦り出します。一二月中旬の卒業論文の締め切りに向けて、「そろそろ本腰を入れないとまずい」と感じるようです。私が所属する学部では、毎年、一二月中旬に学部窓口へと提出しなければなりません。遅れたら、学務は卒業論文を受理しません。締め切り厳守です。

私のゼミでは四年生全員が二万字以上の研究論文を執筆します。二万字というのは、原稿用紙で五〇枚です。小学校の読書感想文は、原稿用紙三~五枚でしょう。大学に入って学期末に書いてきたレポートは、二〇〇〇字から四〇〇〇字程度のものです。

卒業論文に取り組む四年生は、読書感想文の一〇倍、レポートの五倍の分量のものを、生まれて初めて書くことになるのです。

卒業論文の執筆でやってはいけない三つのことを伝えておきましょう。

一つ目は、締め切り直前に寝ないでやっつけることです。「卒論大変だった〜。締め切り前の三日、一睡もしないで書いたよ〜」といって卒業式を迎える学生がいます。普通、二万字を三日で書くことはできません。たとえ書けたとしても、それは卒業論文ではありません。殴りタイピング（＝殴り書き）された悲しき文字の集積物にすぎません。これが一番悲惨なケースです。

二つ目には、無自覚なコピー&ペーストです。卒業論文を読んでいると、ここはインターネット上のどこかの記事や論文をコピーして貼り付けたなという文章に遭遇します。文章の構造やリズムが本人の文章と異なります。本人は気がつかないだろうと思っているかもしれませんが、読む方は一発で見抜けます。

ただ、誤解をしてはいけません。論文では、「引用はＯＫ」なんです。どの文献のどの部分からの引用かわかるように、そのことを明記する。その上で、引用した文章に対して、自らの意見を述べていく。これは研究論文のスタイルなのです。

三つ目に、何も見ずに、思ったことを書くことです。自分の考えを書いているので、やっつけ論文や無自覚な引用論文よりはましです。しかし、思ったことをそのまま書くのは、卒業論文ではありません。卒業論文には、書き方の型があります。関連する先行研究を検討し、それに対する見識を述べなければなりません。卒業論文は、あなたの独創的な世界観を示す場ではないのです。

この三つは絶対にしないということを肝に銘じた人に、次の二つのポイントを伝えます。これを守れば、卒論で路頭に迷うことはなくなるはずです。

一つは、執筆行程のスケジューリングを行うことです。手帳でもPCでもいいので、卒業論文の執筆行程をスケジュール化してください。私のゼミでは、一二月中旬の締め切りに向けて、一〇月初旬に五〇〇〇字提出、一一月上旬に一万三〇〇〇字提出、一一月下旬に二万字を仮完成させ、提出まで推敲《すいこう》を重ねる行程で進めていきます。

最低でも数カ月はかけて、文章を書き溜《た》めていきます。そうすると、今まではただの情報として素通りしていた事柄が気になるようになります。今、取り組んでいる卒論に何か使えるのではないか、というひらめきが起きるのです。図書館や本屋にも通うようになり、関連書籍や文献を読み漁《あさ》るようになります。

もう一つは、研究論文の型を模倣することです。いかなる研究領域でも、①問題への関心、②先行研究の検討、③方法論の提示、④事例の分析、⑤事例の考察、⑥結論、の骨格からなります。このいずれかが欠落していると、卒業論文にはなりません。「ちょっと頑張ったレポート」で終わってしまいます。

一番の近道をこっそりお教えしましょう。「キーワード、専攻領域、ＰＤＦ」という検索をかけて、関連文献を見つけ出すことです。たとえば、「少子高齢化、社会学、ＰＤＦ」とか、「組織経営、経営学、ＰＤＦ」と打ち込むのです。

より的確なキーワードを選択すれば、関連する文献を見つけ出すことができます。これを英語で入力すれば、世界中の論文や専門的な資料にアクセスすることが可能です。手にした関連文献の構成＝型を徹底的に真似《まね》しながら思考を深め、分析を展開していきましょう。

社会人マインドで学ぶ

それでは、大学四年間をどのようなスケジュールで進めていけばよいでしょうか。まず、その前提として、できるだけ早い段階で、学生から社会人へと「視点」を変えることが鍵《かぎ》となります。より大胆に言ってしまえば、「学生」としての意識を捨てて、「社会人」のマインドで学ぶように心がけていきましょう。

サークルやアルバイトに明け暮れ学生生活を満喫するのは、一年で十分かと思います。せっかく大学生になれたのだから、大学生にしかできないことを思い残すことなくやりつくしてみたいと感じるのならまずそれをとことんまでやってみてください。

でも、二年になったら、そういった生活をやめにして、社会人の意識をもって大学での学びを深めていきましょう。

私は社会人大学院の講義も受け持っています。社会人院生は会社で働きながら平日の夜と週末に講義を受けて、修士論文をまとめあげて大学院を修了していきます。この社会人院生の学びのスタイルにヒントが隠されています。社会人として学ぶことで、何が変わってくるのかも明らかにしておきましょう。

まず、**タイムマネジメントとマルチタスク**です。社会人になるといくつものプロジェクトや業務を同時に進行していかなければなりません。それらを円滑に進めていくために、マルチタスクの能力を磨いていきます。同時に、一つひとつのデッドライン（納品・締め切り）を厳守するため時間を逆算し、行動のタイムマネジメントをしています。

遅刻して講義にでる学生と、講義前に着席して先週の復習をしている院生と比較した時に、どちらが講義内容をより習得するかは言葉にするまでもありませんね。

レポート課題の締め切りぎりぎりになってやっつけ作業でこなす学生と、計画的に執筆をすすめ推敲を重ねて締め切り前に余裕をもって提出する院生。どちらのレポート内容が充実しているかは明らかです。

社会人院生の様子をみていると、特別なことをしているわけではありません。できることを計画的に着実に行っているにすぎないのです。**学生だからできないというのは、能力の問題ではなく、意識の問題なのです。**

通過点を走りぬけるために

就活は、自分を知り、企業のことを調べ、社会や未来のことを考え抜いて、あなた自身をバージョンアップさせていく集中期間だとこれまで述べてきました。私がみてきたなかでは、就活によって、ゼミでの思考のレベルが落ちたり、講義への姿勢が悪くなる学生は、一人もいませんでした。ESで思うように表現できないことで、文章を書くことに意識的になったり、グループワークや面接に臨んだ際に情報量が足りないと痛感して、急ピッチで読書を始める就活生も数多くみてきました。

本来、大学が、主体的に学んでいくことの必要性を学生のみんなに伝えておくべきなのですが、今は、就活に直面することで、学びの大切さを肌で感じるようになってしまっています。それは、大学に身を置く者としては反省すべき点です。

さて、ここで就活に直接的に役に立つ学びをまとめておきましょう。ひとつは、社会状況の変化に対する各種情報からの学びと、もうひとつは、実際に社会で働く人からの学びです。

社会は絶えず変化をします。その変化を感じ取るために、情報収集のアンテナを日頃から感度よく立てておく必要があります。新聞や書籍、各種のソーシャルメディアで発せられる情報にリーチできるようにしましょう。

情報を鵜呑《うの》みにするのではなくて、情報を得て吟味する。それがいかなる社会変化につながるのかを考えることを習慣化しておきます。そうすると就活の各選考段階で聞かれる事象にも自らの考えを示しながら答えることができるようになります。質問に的確に答えられるのは、常日頃から考え抜き、それをつなぎ、引き出すようにしているからです。

こうした情報からの学びと同じように大切にしたいのが、社会で働く人から直接学ぶことです。実際に、働いている人の経験や語りは、ヒントの宝庫です。説明会で登壇する人事担当者の外向きのメッセージではなく、働くことの本音を聞けるような関係を作りましょう。

企業は現状に満足するのではなく、変化を察し、自ら学び成長していける人材を求めています。このときの学びとは、知識を詰め込むような形式的なインプットではなく、答えのない目の前の出来事を考え抜き、それを打開していくために、知識を噛《か》み砕き、物事の本質を捉えていくダイナミックな突破力です。

問題は何なのか？　なぜ、発生しているのか？　どんな要因が絡んでいるのか？　その問題に対して、何ができるのか？　どこまでできるのか？　こうした問いから逃げずに徹底的に考え抜いていく人や、過去の出来事に縛られるより、今を大事にして、これからどうしたいのかに素直に向き合える人を社会は求めています。

大学で学んでいることは、社会に出てから役に立ちます。そのことにできるだけ早く気づき、大学を最大限活かしていくことで、通過点である内定の獲得と、その先の長い人生の礎をつくっていくのです。

井の中の過信には注意

大学は制度的には社会から隔離《かくり》された孤島です。講義に遅刻しても特に問題にはなりません。欠席しても自己責任です。日頃の学びも誰からも強制されません。

そうした閉ざされた環境の中に身を置くことで生まれてくる過信には注意を払っておきましょう。一年生のときには右も左もわからなくて無我夢中で取り組んでいた学生が、二年生、三年生へと進級していくことで、大学の過ごし方の「玄人」になっていきます。手の抜き方を覚えていきます。

サークルやゼミでも後輩が慕ってくれるようになり、いつの間にか、えらくなった気になります。大学で取り組んできたことに自信や誇りを持つことは悪いことではありませんが、過信はあなたの成長を妨げます。

日々の大学でも一つ一つが学びであり、後輩とのやり取りの中にも発見は多くあります。就活での人事担当者とのコミュニケーションは学びの宝庫です。選考に落ちないようにびくびく怯《おび》えながら就活に向き合うのではなく、あなたの今後のキャリア形成のために必要なアドバイスを頂いているのだと捉えるようにしましょう。個人的な趣味や関心で、あなたを頭ごなしに批判する心ない人事担当者はいません。少なくとも、私は会ったことがありません。

素直に学ぶという初心を忘れずに、ともに成長していきましょう。

就活の心得

本書を読んできて、「あ、これ、私のことだな」とか、「たしかに、そんなところあるな」と自分のことのように感じたエピソードもあったのではないでしょうか。就活の捉え方、取り組み方、そして就活につなげる大学の活かし方について述べてきました。

就活は生まれて初めての経験です。その初めての経験を前にして、不安に駆られたり、プレッシャーに潰《つぶ》されそうになります。

これまであなたが抱えてきた悩みは、部活と勉強との両立、異性関係や友人関係、家族の問題など、その多くは**人との関係性に関わる悩み**だったのではないでしょうか？

それらの悩みに対して、就活の悩みが特徴的なのは、**学びから働くというトランジションン（＝移行）に関わるという点です。ライフステージ上でみれば、社会にでていくと**

いう大きな転換点に位置づく悩みなのです。この悩みに〝油を注ぐ〟のが、就活で人生が決まるという就活観です。

そういった悩み多き状況にもかかわらず、大学での就活対策は十分なものではありません。せっかく入ったゼミの教授とは、就活のことを話す機会もそんなに多くありません。先生は就活についてどうしたらよいか教えてくれないのです。

しかし、経験したことがない出来事への不安は、すでに経験した他の出来事から類推することで、不安がどこから生じるのかを推察することができます。

選考という点で就活と共通する大学受験を一度ふりかえってみましょう。志望大学に合格したことで、あなたの人生は決まりましたか？　希望の大学に合格できなかったからといって、人生は終わってしまったのでしょうか？　そんなことはまったくないですよね。**人生は、ある時期の一つの結果ですべてが決まるようなものではありません。結果を出すために積み重ねていく日々の取り組みのほうが、一つの結果を出すことより大切なのです。**

あなたの人生をふりかえると、事前の対策をしておいたから、満足のいく結果を得られたという何かしらの経験はあるでしょう。中学や高校のときの中間テストや期末テスト、ピアノやダンスのコンクール、スポーツの大会など、自分の現状をみつめ、当日までに弱点を克服するために繰り返し練習を重ね、満足のいく結果を手にしたのではないでしょうか。

就活も同じです。内定という結果を出すことに固執していると、「失敗したくない」、「何もしないわけにはいかない」、「何か対策をしないと落ち着かない」という不安が膨らんでいきます。

事前に弱点を克服し、対策しておけば、のぞむ結果が得られます。成功確率は格段に高くなります。これだけやったのだからという納得感を持って、結果を受け止めることができます。

本書で取り上げていない、筆記試験や適性検査についても対策は必要です。筆記試験は、高校二年生程度までの問題しか出題されていません。とはいえ、過去問で十分に事前対策をしていなければ、思うような結果は得られません。

適性検査では、組織の同僚として一緒に働くことができるかどうか、チームプレイをする上で性格的に偏りがないかが見られているので、選考される身として常識的な回答をしていく必要があります。

一〇年間の就活記録から言えること

本書で示してきた就活のトリセツは、次の二つの記録から経験的に導き出したものです。

一つは、学部二年生の三〇名が受講するキャリア体験という体験系科目を過去九年間に受講した二五〇名の学生のインターンシップの選考・採用・実施、その後のフィードバックに関する記録です。

もう一つは、過去一〇年間のゼミ生の就活記録です。蓄積した記録は一三〇名分あります。ゼミ生全員が内定し、八割近くが、希望就職先からの内定を手にしています。これは偶然の結果ではありません。的確な対策を講じたからです。

キャリアデザイン学部という大学と社会との距離が近い学部にいることもあって、日頃から大学から社会へのトランジッションに関心を持ってきました。

そのため、ゼミ生に対して、私は、ＥＳのチェック、業界研究、職種適性ワーク、模擬面接、グループワークの練習会など、就職の対策としてできることを行ってきました。というのも、二年生のときに関わった学部生やゼミ生たちに、それぞれが思い描く企業で働いてほしいと心から願っているからにほかなりません。

どれだけ就職の対策をしても、ゼミ生の全員が就職活動でつまずき、挫折を経験しています。ゼミの同級生と一緒に力を合わせて就活を戦っていければいいのですが、選考の日程や結果はそれぞれ違うので、最後には個人戦になってしまいます。このつまずき方の深さや期間、挫折の内容や深刻度は、それぞれ違います。毎年、何人かのゼミ生が、就活でつまずき、一時期ゼミにも顔をだせなくなってしまいます。

そういった経験から、**就職活動でのつまずきや挫折をどのようにして受け止め、それを乗り越えていくかが大切だと言えます。**あなた一人でそれを乗り越えていくことは、なかなかタフなことかもしれません。

そんなあなたに、伝えたいことがあります。**「就活で悩み苦しんでいるのは、あなただけじゃないよ」**ということです。あなたに何か欠点があったり、能力不足があって、そのような悩みに直面しているわけではないのです。

卒業予定の大学生を限られた期間に企業が一斉に採用する新卒一括採用という仕組みに問題があります。エントリーは集中し、平均して数十倍の競争を戦い抜かなければなりません。

新卒一括採用という制度が生み出す過剰な競争に巻き込まれているというだけにすぎません。だからといって、この仕組みを変えていくような大きなムーブメントを、起こしていくことは現実的ではないでしょう。

ならば、就活を戦い抜く戦略を練っていく方が無難です。就職活動を経験した先輩たちが、どこでつまずき、どう挫折したのか。それをどのようにして乗り越えて、大学三年生の後半から四年生の前期にかけて見違えるほどの成長をしていったのか、そのあたりを私は本書で伝えてきました。**私のゼミ生は全員二社以上選考漏れをしていて、その段階で改善をし、就活を通して成長していく過程で内定を手にしています。**彼らの言葉や行動の中に、ヒントが隠されています。

二社以上選考漏れしたあなたは、けっして特別ではないし、何か劣っているというわけではありません。もし、自分を責めているようなら、これからは自分を責めることはやめてください。大切なのは、いかに改善していくかなのです。

自己成長のコツをつかみ、自ら人生を切り拓く

本書を通して伝えたかったことは、内定をゴールにした就活ではなく、働きだした先を見据えるきっかけづくりの就活にしてほしいということです。

大学を卒業して、働くことになったあなたが痛感するのは、ありとあらゆるビジネスにおいて、事前の準備や対策がすべてであるということです。その事前準備をする癖を在学中に身に付けるようにしていきましょう。

そのために、大学生になったらできるだけ早い段階から、数多くの社会人の話を聞く機会を積極的につくっていきます。そこから、社会人の作法や思考法を吸収していき、その社会人の構えを模倣した状態で、大学で学ぶようにしてみてください。

社会人の構えで大学の学びを深められるようになったら、講義の中で出会う専門知識や課題論文で読む理論的視座などにも関心がわいてくるはずです。なぜなら、就活がこ

れから働いていく上で一つ一つバージョンアップさせていくためのキャリア形成の一段階として認識できるようになるからです。

内定は、あなたの人生の第一コーナーにすぎません。最後に、就活を通して自己成長のコツをつかむためのいくつかのポイントをまとめておきます。

①大学に入る前に身に付いた受け身の学習から脱却し、自ら必要とする専門知識を貪欲に吸収していくように、**学び方を一八〇度意識的に変える。**

②インターンでの経験や反省、就活に向けた課題を明確にして、**社会での経験を大学での学びに活かす。**

③中長期の自分自身のキャリアプランを立て、**必要なスキルや仕事を計画的に経験していく。**

このように自己成長のコツをつかんでおくことで、自らのキャリアに立脚した働き方を考えていくことができます。

様々な変化にこれからも直面していきます。働き出してからもっとやりたい分野がみつかり、自らの希望で転職を考えたり、企業の経営が厳しくなり、転職せざるを得ない状況に直面することも考えられます。結婚して、子供ができて、働き方と生き方のバランスを考えて様々な選択をしていくこともあります。

その変化には、自分の力で打開できるものもあれば、自分の力ではなんともならないこともあるはずです。変化に寛容であることで、様々な状況に対応しながらしなやかに数十年働いていくことができます。

働いていく上での変化と、生活をしていく上での変化に対応していくために、**自身のキャリアを軸に、常にその先をプランニングしていくのです。**

一〇年後のあなたへ

「一〇年後のあなたは、どこで何をしていますか？」。この問いに答えることができるのは、あなただけです。あなたのご両親も、親しい友人たちも、あなたの一〇年後を決めることはできません。アドバイスをもらったとしても活かすも殺すもあなた次第です。

いずれにせよ、決めるのはあなたなのです。

働き方はこれからも進化していきます。近年の傾向としてみられるのは、組織を越えて移動していくバウンダリーレスキャリアや、複数の仕事に携わっていくパラレルキャリアです。

バウンダリーレスキャリアは、個人が強みを活かして、組織や業界を越えて移動しながら働いていくことを後押しします。キャリアを形成していくための転職はよりポジティブな意思決定として認められるようになります。

パラレルキャリアは、多様な働き方を可能にします。一つの組織に属しながら、主要事業に対するサブとしての副業ではなくて、組織や業界を股《また》にかけていくつかの事業にコミットして複業する社会人が増えていきます。

バウンダリーレスキャリアやパラレルキャリアが注目されていることからもわかるように、これからの時代は、「あなたは何をしてきて、何ができるのか」がより問われます。組織内部でキャリア形成をしていくという視点だけではなくて、組織を越えてキャリアを形成していくことが重要視されます。

一〇年後に何を強みとするのか。どんなふうに働きたいのか。人生のストーリーを今から思い描き、その中に、就活も位置づけるようにするのです。

本書で示した働く先をみすえた就活は、大学から社会人としてキャリア・トランジッションとその後のキャリア形成を軸にすえたライフプランニングの一行程なのです。就活を通じて、自己成長のコツをつかみ、大学を卒業してからの長い人生を自ら一歩一歩切り拓《ひら》いていくためのあなただけの未来設計図を描き上げていきましょう。

☆　☆　☆

いかがでしたでしょうか。私が就活のトリセツとして伝えたいことを、本書に込めました。昨年出版した『先生は教えてくれない大学のトリセツ』（二〇一七、ちくまプリマー新書）では、大学生活をより充実させるための実践的なテクニックや、学ぶことの構えについてまとめました。

Eメールやソーシャルメディアを通じて全国の大学生から感想や質問がきました。実際に、ゼミに参加しに来た他大学の大学生や高校生もいました。

大学の過ごし方と学び方をまとめた前著『先生は教えてくれない大学のトリセツ』と就活の向き合い方と活かし方に焦点をあてた本書『先生は教えてくれない就活のトリセツ』は、姉妹本です。本書とあわせて前著も読んでみてください。

本書の一部は、日経カレッジの連載記事「大学のトリセツ」として掲載されたものをベースに加筆修正を行いました。パーソルキャリア株式会社のリクルーティングディレクターの佐藤裕さんには、大学と人事の双方の視点からディスカッションさせて頂きました。インターンの社会的意義については、株式会社ゲイトの代表取締役社長である五《そ》月女《うとめ》圭一さんとの日頃からのやりとりの中で着想を得ています。これまでに私の講義に来ていただいた一五〇名を越える社会人特別講師の皆様にも改めて御礼を申し上げます。

本書は前著に続き橋本陽介さんの丁寧なアドバイスと的確なペースメイクによって完成しました。ありがとうございました。

本書がこの国の未来を担う大学生の就活バイブルになることを願って

田中研之輔

ちくまプリマー新書 303
先生《せんせい》は教《おし》えてくれない就活《しゅうかつ》のトリセツ

二〇一八年七月十日　初版第一刷発行

著者　田中研之輔（たなか・けんのすけ）

装幀　クラフト・エヴィング商會

発行者　山野浩一

発行所　株式会社筑摩書房
東京都台東区蔵前二 - 五 - 三　〒一一一 - 八七五五
振替〇〇一六〇 - 八 - 四一二三

印刷・製本　株式会社精興社

ISBN978-4-480-68328-1 C0236　Printed in Japan

乱丁・落丁本の場合は、左記宛にご送付ください。
送料小社負担でお取り替えいたします。
ご注文・お問い合わせも左記へお願いします。
〒三三一 - 八五〇七　さいたま市北区櫛引町二 - 六〇四
筑摩書房サービスセンター　電話〇四八 - 六五一 - 〇〇五三